Comment utiliser les albums en classe

CHRISTINE HOUYEL • HELENE LAGARDE • CHRISTIAN POSLANIEC

CYCLES 1, 2 et 3

RETZ
www.editions-retz.com
9 bis, rue Abel Hovelacque
75013 Paris

Réalisation : AGD – Dreux
Direction éditoriale : Sylvie Cuchin
Édition : Charlotte Aussedat
Corrections : Gérard Tassi
Illustration de couverture : Warfi
Illustrations : Marie-Hélène Tran-Duc

N° de projet : 10235804 - **Dépôt légal** : octobre 2005
Achevé d'imprimer en France en avril 2017
par la Société TIRAGE - 91941 COURTABŒUF
N° 201003.0401

Sommaire

NB : Certains albums étudiés dans cet ouvrage figurent dans les listes de référence MEN-DEGESCO. Sont indiqués par * ceux issus de la liste Cycle 2, par ** ceux issus de la Cycle 3.

Introduction

L'album est une forme littéraire, au même titre que le roman, la nouvelle, le théâtre, la poésie ou la bande dessinée – ce sont d'ailleurs les catégories littéraires qu'on trouve dans la liste des œuvres pour la jeunesse recommandées par le ministère de l'Éducation nationale, pour le cycle 3. Toutefois, à la différence des autres formes, l'album n'existe que dans le champ de la littérature de jeunesse. Du moins pour l'instant! Car la frontière entre les livres pour adultes et les livres pour enfants, ayant tendance à devenir de plus en plus perméable, dans les deux sens, on peut présumer que, sous peu, des albums s'adressant aux adultes se multiplieront – quelques tentatives ont déjà été faites en ce sens. Ce serait d'ailleurs un retour à l'origine de l'album car, dès le XVIIIe siècle, le peintre anglais Hogarth créait des histoires en estampes, destinées aux adultes.

Cet ouvrage a pour principal objectif de **proposer des activités concrètes à réaliser avec des élèves,** en s'intéressant aux albums essentiellement d'un point de vue culturel et littéraire. Auparavant, cependant, nous présentons une brève histoire de l'album, et tentons de définir cette forme littéraire.

En effet, si quelques ouvrages sur l'image dans la littérature de jeunesse ont été publiés, ils abordent le plus souvent l'image historiquement ou esthétiquement, presque jamais comme élément de narration des albums. À sa façon, Antonin Louchard, interviewé par Madeline Roth[1], montre l'écart entre l'approche esthétique de l'image et le concept d'album :

> « *[...] je suis avant toute chose auteur-illustrateur. Comme si mon but à moi, rapport à l'art, n'était pas tant de faire de bonnes images que de*

1. Dans *Citrouille* n° 38, juin 2004, p. 13.

faire un bon livre. Pour résumer, il s'agit d'organiser de façon suffisamment cohérente, étrange, nouvelle, le rapport entre le texte et les images. Parce qu'un album c'est cela : du texte et des images ensemble. »

C'est justement ce que nous allons montrer : comment texte et images, dans un album, peuvent raconter ensemble, de façon cohérente, étrange et nouvelle.

•• L'accès à une première culture littéraire

Les programmes de 2015 pour la maternelle réaffirment la place primordiale du langage et la nécessité d'une entrée progressive dans la culture de l'écrit. Les enfants doivent être amenés à « découvrir que l'écrit est un outil culturel qui permet de communiquer efficacement et durablement avec autrui, de générer des mondes, de produire du savoir consultable, de provoquer des émotions ». La littérature de jeunesse et les albums peuvent largement contribuer, par la fréquentation de cette langue très différente de l'oral de communication, à conduire cette entrée dans la culture de l'écrit des petits.

Aux cycles 2 et 3, les programmes et documents d'accompagnement de 2016 mettent l'accent sur la nécessité « *de développer au cours du cycle une posture de lecteur attentif au fonctionnement des textes, sensible à leurs effets esthétiques, conscient des valeurs qu'ils portent, et de structurer progressivement une culture littéraire* ».

Au cycle 3 particulièrement « *Les textes littéraires font l'objet d'une approche plus approfondie qui vise à développer des compétences d'interprétation et à construire une première culture littéraire et artistique » : ces compétences ne se construisent ni dans une accumulation de connaissances ni dans une relation dirigée aux textes qui vise à en extraire des savoirs uniformes. Au contraire, il s'agit de construire des lecteurs impliqués qui comprennent les enjeux des textes et sont prêts à se les approprier. Les séances de lecture doivent être organisées de façon à solliciter les impressions de lecture personnelle de chaque élève, à les rendre attentifs aux autres lectures possibles et à les aider à construire de nouveaux repères qui les aideront à approfondir leur réception des textes* ».

Mais pour être à même d'adopter cette posture, le jeune lecteur doit avant tout savoir appréhender les étapes du récit et en comprendre leur enchaînement. Cet enjeu, la maîtrise du récit par les jeunes élèves, nous paraît également fondamental, ce pourquoi nous y consacrons une partie dans chaque chapitre (cycle 1, cycle 2, cycle 3).

Ces programmes nous ont également guidés pour le choix d'autres activités, par exemple : retrouver les informations implicites, confronter diverses interprétations, retrouver ces relations subtiles qui font d'une œuvre une oeuvre littéraire.

La partie consacrée au cycle des approfondissements suggèrant de proposer aux élèves des « parcours de lecture » (en lien aussi avec la rencontre d'œuvres artistiques), nous avons donc conçu la partie pratique de cet ouvrage en ne retenant que les principales instances littéraires et en établissant une progression entre les trois cycles de l'école primaire. Ce que nous résumons sous la forme de tableau :

	Récit	Personnage	Narration	Temps	Références	Thème
Cycle 1	*Comprendre le récit*	*Le cochon, un personnage culturellement déterminé*	*Vers la narrativité : abécédaires et imagiers*	*Évaluer la durée d'un récit*	*Repérer des stéréotypes*	*Naître ou ne pas naître ?*
Cycle 2	*Compléter les « blancs » du récit*	*L'ours, un personnage d'animal très anthropo-morphe*	*Jeux de narrateurs*	*Libérer le temps dans le récit*	*Un mythe de référence : le golem*	*L'amour, est-ce un conte de fée?*
Cycle 3	*Interpréter le récit*	*Des personnages déterminés par les images*	*Le ton humoristique*	*Des temps emmêlés*	*Intertextualité, intericonicité, interculturalité*	*Qui anime les marionnettes ?*

•• L'organisation de cet ouvrage

Les deux premiers chapitres sont consacrés à des informations sur l'album, son histoire, d'abord, sa définition ensuite.

Le chapitre 3 est destiné à montrer la richesse d'un album. Dans la mesure où, dans les chapitres pédagogiques, nous proposons une approche de chaque livre centrée sur une seule caractéristique, nous avons auparavant voulu démontrer qu'à partir de pratiquement n'importe quel album, il est possible de trouver des dizaines d'activités explorant tous ses aspects. Cependant, nous ne recommandons nullement de ne travailler que sur un album, au contraire. Le chapitre 3 peut permettre aux lecteurs de prolonger par d'autres activités de même nature celles que nous indiquons ensuite.

Les chapitres suivants sont consacrés aux trois cycles de l'école primaire. Un chapitre comprend six parties qui explorent chacune un aspect des instances répertoriées dans le tableau ci-dessus. Pour chaque partie, nous commençons par faire le point sur cette instance, puis nous explorons trois albums, exploration qui débouche sur une série d'activités concrètes à proposer aux élèves. Enfin, nous terminons par une petite étude comparée des trois albums afin de synthétiser les apprentissages.

En tout, cinquante-quatre albums sont étudiés, néanmoins nous en explorons bien d'autres, au passage, pour exemplariser les premiers chapitres, ou pour donner des pistes de prolongement (voir la bibliographie). Ce sont donc, en fait, plus de cent trente albums qui sont utilisés dans cet ouvrage.

Nous avons fait le choix d'étudier surtout des albums parus récemment, qu'on peut donc se procurer facilement, en variant les auteurs et les éditeurs. Et nous avons évité d'utiliser – sauf pour un aspect particulier – les albums qui, ces dernières années, sont repris d'une façon récurrente dans nombre d'ouvrages ou d'articles pédagogiques. Autrement dit, notre intention est de démontrer qu'il existe quantité d'albums intéressants à faire découvrir aux élèves, pour leur faire acquérir les notions indispensables.

Partie I
L'album : présentation générale

Brève histoire de l'album

L'album est aujourd'hui considéré comme une forme littéraire, au même titre que le roman, la poésie ou le théâtre. Chacune de ces formes littéraires a ses propres caractéristiques. La particularité essentielle de l'album est la gestion partagée du même récit par le texte et par les images (*voir le chapitre 2 sur la définition de l'album*). Il faut donc établir une distinction entre les images qui **illustrent** quelques péripéties, dans les romans destinés à la jeunesse, et les images **narratives** des albums. La bande dessinée, qui a des origines communes avec l'album, s'est vite autonomisée, principalement par la prééminence de l'image comme instance narrative, la spécialisation des textes comme dialogues inscrits dans des bulles[1], et une codification spécifique (cases, phylactères, onomatopées...).

L'histoire de l'album est brève, à peine un siècle et demi, mais révèle comment naît une nouvelle forme littéraire.

•• L'album avant l'album

Le mot « album » désignait autrefois un livre présentant une collection de dessins, d'extraits littéraires ou de remarques (ce qu'on appelle aujourd'hui un « livre d'or »). Par exemple, lorsque le tribunal ordonna que six poèmes soient ôtés des *Fleurs du mal*, Baudelaire estima que cela défigurait son œuvre. Il écrivit à son ami Alfred de Vigny, en 1861 : « *Le seul éloge que je sollicite pour ce livre est qu'on reconnaisse qu'il n'est pas un pur album et qu'il a un commencement et une fin.* » Il utilisait donc le mot « album » dans le sens de « collection ». Ce mot a évolué et a fini par désigner des livres ayant précisément un début et une fin. Le premier sens d'« album » a néanmoins perduré dans quelques expressions : « un

1. C'est Alain Saint-Ogan qui, dans *Zig et Puce*, inventa le phylactère (la bulle de bande dessinée) en 1925.

album de photos », par exemple, et même « un album de bandes dessinées » – initialement, une collection de bandes dessinées antérieurement publiées dans un magazine.

Quand les premiers albums paraissent, en France, chez les éditeurs pour la jeunesse du XIXe siècle, ils sont perçus comme des collections d'images. La première collection de ce type, les « Albums Trim[2] », naît en 1860, chez Hachette, mais au bout de quatorze publications elle est abandonnée, car c'est un échec commercial.

Hetzel reprend le flambeau en 1862 et publie les « Albums de Mademoiselle Lili », initialement des recueils d'images réalisés par Lorenz Froëlich, qui s'inspire de sa propre famille. Hetzel, qui signe « Un papa », y ajoute des textes brefs. Cette fois, c'est un succès, et quatre-vingt-treize livres paraissent dans cette collection.

Hetzel, dès cette époque, a l'intuition que celle-ci est à l'origine d'une nouvelle forme littéraire puisqu'il écrit, dans la préface du premier livre de la série, *La Journée de Mademoiselle Lili*:

« *Voici quelque chose qui n'est ni un livre, ni un album*[3]*, ni un conte, ni une histoire; je ne sais pas ce que c'est, mais cela m'a paru charmant, et j'imagine que ce qui m'a tant plu pourra bien plaire un peu à d'autres.*[4] »

Néanmoins, en Suisse, Töpffer avait déjà inventé les premiers albums, texte et images, destinés aux enfants: *Le Docteur Faustus* (1829), *Les Amours de monsieur Vieuxbois* (1837), *Monsieur Cryptogame* (1845)... Ce qu'il appelait « *la littérature en estampes* »[5]. Et, en France, dans la seconde moitié du XIXe siècle, circulaient les images d'Épinal (la maison Pellerin a été créée en 1756): d'abord conçues comme une collection d'images, elles sont devenues des récits articulant images et textes, ces derniers figurant juste sous l'image.

Toutefois, il faudra attendre encore cinquante ans pour que paraissent, en France, des albums au sens moderne du terme. Et davantage pour que l'usage du mot « album » se fixe dans sa signification actuelle.

●● La première moitié du XXe siècle

Ce qui commence à changer aux alentours de 1920, sous l'influence de créateurs comme Félix Lorioux ou Edy-Legrand, c'est le rôle des images dans les livres destinés aux enfants. D'illustratives, elles deviennent peu à peu narratives,

2. Trim est le pseudonyme de Louis Ratisbonne, un écrivain célèbre à cette époque.
3. Au sens de « collection ».
4. Cité par Claude-Anne Parmegiani, *Les Petits Français illustrés 1860-1940*, p. 52.
5. Cité par Jean-Paul Gourévitch, *Images d'enfance. Quatre siècles d'illustration du livre pour enfants*, p. 49.

prenant en charge une partie du récit. Par exemple, en 1919, Edy-Legrand publie à la NRF *Macao et Cosmage ou l'Expérience du bonheur.* Ce livre raconte la colonisation d'une île paradisiaque et ses conséquences pour les autochtones, notamment le couple Macao et Cosmage.

Cet album peut se lire, en surface, comme un désaccord entre deux amoureux, sur le sens de la colonisation, et philosophiquement comme l'éternel débat entre nature et culture. Cette superposition d'interprétations possibles, dont certaines ne sont accessibles qu'aux adultes, deviendra très fréquente en littérature de jeunesse à la fin du XXe siècle, et les images pourront servir ces différentes pistes. Ainsi, l'auteur a écrit une préface à cet album, s'adressant aux enfants, ses lecteurs désignés. Edy-Legrand les avertit que «*tout, couleurs, objets, détails, a son importance*», une façon de souligner le fait qu'une partie du récit est narrée par les images.

La réédition récente de cet album, dans la collection «Aux couleurs du temps», chez Circonflexe, le consacre comme classique de la littérature de jeunesse, et c'est en tant que tel qu'il figure dans la liste du ministère de l'Éducation nationale pour le cycle 3.

Au début des années 1930, Paul Faucher crée les Éditions du Père Castor. Sa première collection s'intitule «Les albums du Père Castor». Le mot «album» va alors peu à peu s'imposer pour désigner un livre dans lequel images et texte s'articulent, au service d'un même récit, de telle sorte que les images participent pleinement à la narration.

Pourtant, le projet de Paul Faucher était initialement pédagogique. Très influencé par le mouvement d'éducation nouvelle, il voulait susciter le goût de lire des enfants, et leur activité créatrice. Il avait choisi de publier des *albums*, parce que, selon lui, l'image est indispensable aux enfants[6], pour mieux comprendre le monde, mais il ne concevait pas pour autant l'album comme une forme littéraire particulière. De fait, les premiers albums qu'il publia étaient des livres d'activités (*Je fais mes masques*, en 1932, *Jeux de pliage*, en 1933), ou des documentaires fictionnalisés (*Froux le lièvre*, en 1935, *Perlette goutte d'eau*, en 1936). Néanmoins, peu à peu, la narrativité l'emporta sur le désir d'informer et, à partir des années 1940, les albums de fiction, regroupés dans la collection «Le plaisir de lire», se distinguèrent des albums documentaires ou d'activités (collections «La joie d'inventer» et «Le plaisir de jouer»). Parurent alors de nombreux albums, au sens moderne du terme. Un certain nombre, devenus des classiques, sont encore lus aujourd'hui, notamment ceux de Marie Colmont: *Michka* (1941), *Marlaguette* (1952).

---

6. Une idée qui s'est imposée progressivement chez les éducateurs depuis que Comenius, en 1658, dans son *Orbis Sensualis Pictus*, l'avait exprimée pour la première fois: «*L'image est la forme du savoir la plus accessible aux enfants.*»

Parallèlement à la naissance du Père Castor, paraît le premier album de Babar, *Histoire de Babar, le petit éléphant*, de Jean de Brunhoff, au Jardin des modes, en 1931, réédité par Hachette en 1936. On peut considérer cette série comme le premier grand succès de cette forme littéraire qu'est l'album puisqu'il en a été vendu quatre millions d'exemplaires avant la guerre de 1939-1945, et qu'il a été traduit en dix-huit langues. Ce succès a établi, pour longtemps, la prééminence des **animaux anthropomorphes** dans les albums pour la jeunesse. Un procédé inventé par Beatrix Potter, en Angleterre, pour ses histoires de Peter Rabbitt, et que Benjamin Rabier avait repris pour son Gédéon, de 1923 à 1939. Mais dans la série des « Babar », l'anthropomorphisme est très accentué du côté humain.

● ● La seconde moitié du XXe siècle

La décennie 1965-1975 marque un tournant important en littérature de jeunesse. Le secteur éditorial est complètement bouleversé : en quelques années, la plupart des collections pour la jeunesse sont interrompues. De nouvelles collections leur succèdent, tandis que se créent de nombreuses maisons d'éditions pour la jeunesse.

En ce qui concerne l'album, dont l'appellation est désormais établie, les principaux changements portent sur le statut de l'image et sur la nature des histoires proposées aux enfants. En particulier, François Ruy-Vidal s'associe avec l'éditeur américain Harlin Quist pour créer une collection d'albums *décalée*, par rapport à la production antérieure, travail qu'il poursuivra avec d'autres éditeurs. Commentant cette aventure éditoriale, Bruno Duborgel écrit :

> « *À l'image miroir de quelque réalité moyenne, à l'image quasi exclusivement attachée à une fonction dénotative, se substitue ici l'image capable d'inciter l'être imaginant à se mettre en route sur les chemins buissonniers de l'analogie, de l'invention, de l'inconnu, de l'imprévu.*[7] »

Tandis que Jean-Paul Gourévitch écrit :

> « *C'est l'équipe Quist/Vidal qui impose l'idée d'un livre pour les enfants du XXe siècle, sans totems ni tabous, impertinent et positif, assumant les contradictions de cette époque tourmentée.* »

Dès lors, l'album pour la jeunesse accède au statut d'œuvre à part entière, statut entériné par les Instructions officielles de 2002 pour l'école élémentaire, et revendiqué depuis plus longtemps par certains éditeurs comme L'École des loisirs. Ainsi, Jean Fabre, le créateur de cette maison d'édition, écrivait en 1973 :

7. Bruno Duborgel, *Imaginaire et Pédagogie*.

« L'album est avant tout un jeu : le jouet éducatif par excellence à partir de trois ans. (...) Le jeu est invention, fantaisie, liberté. Chez l'enfant, il déclenche un dynamisme créatif qui oscille entre l'imaginaire et le réel. Il constitue une première approche du monde organisé par des adultes. Par le jeu, l'enfant apprend à se situer dans son environnement, il apprend à évoluer dans des situations qu'il choisit, adapte et renouvelle à son gré.[8] »

Or, le jeu, c'est précisément la façon dont un théoricien comme Michel Picard propose d'aborder la littérature, dans son essai *La Lecture comme jeu. Essai sur la littérature.*

8. Jean Fabre, « L'album, miroir de l'enfance », *in* Denise Escarpit, *Les Exigences de l'image dans le livre de la première enfance.*

2

Peut-on définir l'album ?

Lors d'un colloque, à Nantes, en 2001, François Ruy-Vidal a défini l'album comme «*contrepoint entre le texte et l'image*». C'est ce phénomène que l'on désigne fréquemment par «articulation texte/images», et qui semble caractériser l'album. Comme si les images ne se contentaient pas d'illustrer le texte, mais racontaient une partie de l'histoire.

Prenons pour exemple l'album de France Sengel intitulé *Cache-cache pétoche*. Simon, un jeune enfant, joue avec sa «boîte-mystère». Sa sœur, Marion, s'en empare et commence à l'ouvrir. «*Simon rugit: "Si tu ouvres cette boîte, un monstre terrible va sortir et nous dévorer"*». Marion n'en a cure et ouvre cette véritable boîte de Pandore. Un monstre en sort, représenté en image comme un énorme félin aux contours indistincts. La suite de l'album est une fuite éperdue des deux enfants pour échapper au monstre.

Or, le contrepoint entre le texte et les images permet au lecteur, tout au long du récit, de faire la part entre le jeu des enfants et la réalité. En effet, le jeu est pris en charge par le texte, tandis que la réalité est représentée dans les images. On voit les enfants, qui fuient le monstre, se réfugier derrière un fauteuil, tandis que Simon s'exclame: «*Vite, derrière ce rocher!*». Ils se cachent derrière des plantes vertes: «*Ils s'abritent dans la forêt.*» Ensuite Simon dit: «*Suis-moi, Marion! Il faut traverser le fleuve!*», et les voilà nageant sur la carpette bleue…

En l'occurrence, le monstre caché dans la boîte – une sorte de peluche représentée à la fin – est un objet transitionnel entre le réel et l'imaginaire, et le salon apparaît comme un espace transitionnel pour le jeu des enfants. Jeu dont ils ne sont pas dupes, puisqu'à la fin Simon déclare que le lendemain ils rejoueront à cache-cache pétoche.

À partir de cet exemple, on peut parler d'une double narration, l'une à l'aide du texte, l'autre à l'aide des images, pour une histoire double qui rend compte à la fois des déplacements réels des enfants dans le salon et des péripéties imaginaires qu'ils inventent.

Une double narration

Marion Durand et Gérard Bertrand, qui ont consacré un ouvrage à *L'Image dans le livre pour enfants*, écrivent: «*Aussi paradoxal que cela puisse paraître, les mots sont présents dans l'image ; bien qu'invisibles, ils participent activement à son déchiffrement.*» Une façon imagée de dire que les images d'un album racontent aussi une histoire. Et dans une interview, Chris Van Allsburg, célèbre auteur d'albums pour la jeunesse, confie: «*Les images que je dessinais avaient une dimension narrative. Je n'avais pas d'histoire en tête quand je dessinais, cependant on aurait dit qu'elles s'originaient dans du texte.*»

En d'autres termes, on peut dire que, dans un album, le texte génère des images mentales, comme tout texte de fiction, et que les images suscitent des mots.

Si les images et le texte racontent la même histoire, c'est donc qu'il y a deux narrateurs, un narrateur textuel et un narrateur imagier. Et s'il y a deux narrateurs qui, en quelque sorte, dialoguent ensemble pour raconter la même histoire, ils doivent choisir une forme de dialogue entre eux, car il y en a plusieurs possibles, comme nous le verrons ci-dessous.

L'existence d'un narrateur textuel a, depuis longtemps, été mise en évidence par la théorie littéraire. En revanche, personne ne s'est encore vraiment intéressé au «narrateur imagier». Pour montrer qu'il existe et raconte aussi l'histoire, nous nous contenterons de deux exemples. Cependant, nombreux sont les équivalents dans les albums des types possibles de narrateur textuel, pris en charge par les images.

La forme la plus classique est le **narrateur extérieur à l'histoire**, qu'il raconte à la troisième personne, sans intervenir personnellement. La principale caractéristique de ce type de narrateur, c'est qu'il est omniscient: il sait ce qui concerne l'histoire et ce que ressentent tous les personnages. Peut-on trouver, dans les images d'un album, un narrateur de ce genre? Effectivement, dans *Histoire du rat qui voulait du lait*, d'Anne Quesemand et Laurent Berman, le narrateur imagier révèle son omniscience, d'abord en montrant la maison des héros en coupe, de façon à ce que le lecteur accède à toutes les pièces, ensuite en imageant les émotions des personnages – plusieurs pleurent, et l'une des images est même à l'intérieur d'une grosse larme –, enfin en donnant parfois plus de détails sur l'histoire que le texte. Par exemple, alors que le texte dit, parlant d'un rat: «*il se choisit un abri bien confortable*», l'image révèle ironiquement qu'il s'agit d'une poubelle.

Quand **le narrateur est interne**, il fait partie de l'histoire en tant que personnage. C'est une forme également très courante. Le plus souvent, c'est le personnage principal, et il s'adresse fréquemment au lecteur. Les images de l'album de

Jon Scieszka et Lane Smith, *La Vérité sur l'affaire des trois petits cochons*, fonctionnent sur le même modèle. Le loup, qui est le héros de cette histoire, tente de démontrer au lecteur qu'il n'est pas coupable de ce dont on l'accuse à propos des trois petits cochons. Or les images du loup interpellent constamment le lecteur, le regardant en face, ou par en dessous, le scrutant d'un air innocent...

Ainsi, l'album se caractérise par **une double narration**, le texte et les images racontant l'histoire de concert. Les différentes formes de narration sont utilisées aussi bien dans le texte que dans les images, même si on ne trouve pas la même forme dans le texte et dans les dessins. Cet aspect fondamental peut donc rendre fort complexe la lecture littéraire de certains albums, lorsqu'on veut s'intéresser à la double narration. Cependant, rien n'oblige à aborder les cas les plus complexes à l'école primaire – on peut les réserver au collège.

Les différents types d'articulation entre le texte et les images

Il y a globalement trois types principaux d'articulation entre le texte et les images d'un album, même si, à l'intérieur de chaque type, les modes de réalisation sont extrêmement variés. Il arrive aussi, parfois, que dans un même album les trois types d'articulation alternent.

Il suffit d'imaginer, puisque l'album se caractérise par une double narration, les types de relations possibles entre les deux narrateurs. Ils peuvent être d'accord sur tout, et dans ce cas on dit généralement qu'il y a redondance entre le texte et les images. Ils peuvent aussi véritablement dialoguer, c'est-à-dire se partager la narration, et dans ce cas l'histoire est racontée alternativement par le texte et par les images. Enfin, ils peuvent être en désaccord, et se contredire. Dans ce dernier cas, il s'agit d'un effet de style, comme les figures de style de l'ironie.

Pour mieux préciser ces propos, nous allons proposer des exemples qui montreront que ce système de double narration est fort dynamique, et que les catégories suggérées ne sont pas figées.

•• Redondance du texte et des images

Quand on dit que les images et le texte sont redondants, cela signifie seulement que l'histoire proprement dite, les péripéties, sont racontées par le texte, et que les images illustrent tel ou tel épisode. Cependant, en choisissant d'illustrer un épisode plutôt qu'un autre, le narrateur imagier interprète l'histoire. Par ailleurs, l'image complète toujours le texte, en donnant à voir et en précisant une apparence, un décor, un geste, etc.

Moi, crocodile du Nil, de Fred Marcellino, raconte l'histoire d'un crocodile heureux, jusqu'au jour où Napoléon mène la campagne d'Égypte et rapporte en France le crocodile, exposé aux Tuileries. Les images illustrent le texte; par exemple, pour la phrase «*Bientôt le Tout-Paris se mit à danser la danse du crocodile*», on voit le crocodile en train de danser, ainsi que Napoléon, et trois personnes, en bas de l'image, qui adoptent la même posture. Mais en même temps, l'image révèle les costumes de la fin du XVIIIe siècle.

Évoquant sa vie dans le Nil, le crocodile dit: «*Mon dîner arrivait vers moi, tout prêt, sur ses pattes!*», mais c'est l'image qui précise la nature du dîner: un échassier.

Ainsi, constamment, alors même que d'une façon générale on peut parler de redondance entre le texte et les images, ces dernières complètent l'information; quand le texte dit que Napoléon trouve d'autres amusements, c'est l'image qui en révèle la nature: des montgolfières. Lorsqu'à la fin, le crocodile, qui n'est plus à la mode, se réfugie dans les égouts, le texte indique qu'il n'a pas de problème pour trouver à manger, mais c'est l'image qui révèle la nature du repas: un courtisan en train de disparaître par une bouche d'égout.

●● Alternance narrative du texte et des images

Quand texte et images prennent alternativement en charge l'histoire narrée, cela peut être discret ou au contraire porter sur des éléments importants. Par exemple, dans l'album *Vite, Père Noël* de Julie Sykes et Tim Warnes, dès la première page le texte dit, sans précision: «*Quelqu'un lui tire la barbe*», et, se réveillant, le Père Noël s'interroge: «*Quelle heure est-il?*» Or l'image précise les données du récit: «*Quelqu'un*» est une souris, et le réveil marque sept heures moins vingt.

Mais dans un autre album, *Crapaud*, de Ruth Brown, c'est toute l'histoire qui est narrée alternativement par le texte et par les images. Le texte se contente de décrire le héros: «*Voici l'histoire d'un crapaud monstrueux, [...] poisseux.* » Les images montrent ce crapaud en gros plan, mais également, dissimulé dans la végétation, un énorme prédateur: d'abord une silhouette lointaine, puis un œil et une griffe impressionnante, proches du crapaud, puis, en gros plan, une langue bifide. Au moment où la tête énorme du monstre s'approche, le crapaud saute pour attraper une libellule. Nouvelle approche du monstre, par l'autre côté de la page, cette fois, et finalement texte et images se rejoignent au moment où le crapaud «*tombe la tête la première dans la gueule d'un monstre*». Rassurons-nous, le crapaud a si mauvais goût que le monstre le recrache et s'éloigne.

Comme on le voit, dans cet album-ci, l'un des personnages et le suspense qu'il provoque sont pris en charge par les images qui racontent la moitié de l'histoire. Et, effectivement, comme le disent Marion Durand et Gérard Bertrand, les images du monstre menaçant le crapaud peuvent s'exprimer sous forme de textes qu'on peut demander aux enfants d'inventer: une silhouette menaçante apparaît derrière les lianes; un œil énorme se braque sur le crapaud, tout proche; etc.

●● Décalage narratif entre le texte et les images

L'histoire racontée par le texte peut être fort différente de celle narrée par les images. Par exemple, dans *Mon chat le plus bête du monde*, de Gilles Bachelet (Seuil jeunesse, 2004), le narrateur textuel s'obstine à parler d'un chat, alors que le narrateur imagier représente un éléphant. Certes, le narrateur textuel finit par douter, puisqu'à la fin il consulte un ouvrage sur les chats, et reconnaît qu'il n'a pas trouvé « exactement » à quelle race il appartient, mais l'emploi du mot «exactement» prouve qu'il n'a pas pour autant changé d'avis. Ici, la contradiction entre les deux narrations est génératrice de comique.

Il faut préciser également que certaines caractéristiques du récit sont plus faciles à faire prendre en charge par le narrateur imagier, et d'autres par le narrateur textuel. D'une façon générale, l'image d'un personnage ou d'un lieu est préférable à une longue description, et c'est aussi l'image qui peut facilement montrer la complexité d'un espace dans un laps de temps très bref. En revanche, dès que l'écoulement du temps intervient, ou l'évocation d'un espace immense (une grande forêt, la mer infinie...), il est plus simple de recourir au texte; et c'est aussi le cas pour tout ce que ressentent ou disent les personnages (à moins d'introduire du texte dans l'image, comme avec les bulles des bandes dessinées). Cette économie du sens peut être occasionnellement étudiée avec les élèves, qui prendront alors conscience de la subtilité du dialogue entre le texte et les images.

Correspondances entre les instances

Le texte et les images de l'album dialoguent donc ensemble, pour narrer la même histoire. Pourtant, pour utiliser une métaphore, on a l'impression que texte et images ne parlent pas la même langue. Comment peut-il y avoir dialogue dans ces conditions? Parce qu'entre les instances du texte et celles de l'image, il y a des correspondances qui permettent une sorte de communication. Nous en donnons seulement quelques exemples, mais il y en a bien d'autres.

●● Focalisation du texte, focalisation des images

Dans un texte, la focalisation dépend du narrateur. Il choisit, par exemple, de privilégier un personnage (que la narration soit à la troisième ou à la première personne) et d'informer le lecteur au travers de ce que perçoit et ressent ce personnage; on parle alors de focalisation interne. C'est, par exemple, le cas dans l'album de Catharina Valckx *Coco Panache*, dont la première phrase désigne le héros et ce qu'il fait: «*Coco a découvert au grenier une grande boîte en carton*», tandis que la seconde phrase fait accéder aux pensées du héros: «*Dans cette boîte, il y a quelque chose dont il rêve depuis longtemps...*».

Le narrateur imagier adopte également un certain type de focalisation. Par exemple, dans l'album de Gérard Moncomble et François Crozat *L'Œil de la nuit*, le narrateur textuel dit «je» dès la première phrase: «*D'abord je les entends. [...] Puis je les vois.*» Le narrateur imagier a donc le choix entre se focaliser sur celui qui raconte et qui dit «je», ou sur ceux qui sont entendus et vus: le sanglier, le renard, le lapin. Ce sont ces derniers qu'il choisit de représenter, tout au long de l'album, laissant flotter un certain mystère sur le narrateur textuel. On pense d'abord que c'est la lune, parce qu'elle figure seule en page de titre. Conviction renforcée plus loin, dans l'album, quand la lune, toute ronde, apparaît au-dessus des animaux, tandis que le texte dit: «*[...] moi qui suis l'œil de la nuit. Moi qui pourtant vois tout.*» Mais plus loin cette interprétation est récusée par le texte, puisque le narrateur textuel introduit l'altérité: «*la lune, ma sœur.*» Finalement, c'est le narrateur imagier qui révèle le narrateur textuel: une chouette; la focalisation sur les autres personnages de l'histoire a donc permis de retarder cette révélation jusqu'à la fin.

●● Le non-dit: «blancs» du texte et hors-champ des images

Les «blancs» du texte sont des informations que le narrateur omet de fournir au lecteur. Parce qu'elles sont jugées peu importantes par rapport au fil conducteur du récit, ou parce que la coopération du lecteur est requise, et que c'est à lui de remplir le «blanc» du texte, d'une façon personnelle... Personnelle, mais en quelque sorte préstructurée par le récit car, même si le lecteur a une grande liberté – y compris celle de construire tout un épisode en comblant un «blanc» –, son apport doit être cohérent avec le récit[1]. Par exemple, dans l'album de Madeleine Brunelet *Cette baby-sitter, j'en veux pas*, le texte commence par «*Ce soir, Papa et Maman sortent. Chloé est venue garder Iris, qui ronchonne.*» Le lecteur ignore donc quel est le but de cette sortie. Il peut, comme le narrateur textuel, ne pas y attacher d'importance dans la mesure où la seconde phrase, qui fait écho au titre de l'album, signale le thème central de l'histoire. Il peut également y apporter une réponse quasi automatique – c'est ainsi que les lecteurs comblent la plupart des «blancs» du texte –, le mot «sortie» suggérant, dans ce contexte, une activité de loisir, cinéma, théâtre... Certains lecteurs peuvent également utiliser ce «blanc» pour revivre un événement personnel qui les a impres-

1. Voir, à ce sujet, les réflexions d'Umberto Eco dans *Les Limites de l'interprétation*.

sionnés. En revanche, imaginer que les parents sont partis faire le tour du monde ne serait pas cohérent avec les éléments du texte dont dispose le lecteur.

Souvent, dans les albums, comme nous l'avons vu plus haut, le narrateur imagier comble lui-même les «blancs» du texte: c'est une façon de narrer la même histoire alternativement.

Cependant, dans les images, tout ce qui est hors-champ fonctionne comme les «blancs» du texte et, pareillement, la cohérence avec ce qui est représenté est de rigueur. D'ailleurs, parlant de ce phénomène dans *Petite fabrique de l'image*, les trois auteurs[2] se réfèrent à une figure de rhétorique textuelle:

«L'espace de l'image déborde le cadre: nous postulons qu'au-delà du cadre il existe bien un espace homogène – suggéré – plus vaste, qui se prolonge, comme dans le monde naturel [...]. C'est à proprement parler une synecdoque, figure évoquant le tout pour la partie [...]. Chaque spectateur conçoit cet espace, d'une part en fonction des données visuelles de l'image, d'autre part en fonction de son propre imaginaire, de ses références culturelles, de son expérience personnelle et de sa connaissance des codes de représentation.»

Par exemple, dans *Cette baby-sitter, j'en veux pas*, les images montrent les personnages dans différentes pièces de la maison: le salon, la cuisine, la salle de bains, la chambre d'Iris, mais, chaque fois, on ne voit qu'une partie de la pièce. Le salon est même représenté quatre fois selon des angles de vue différents. C'est donc au lecteur de reconstituer le hors-champ, c'est-à-dire la maison, en cohérence avec ce qui lui est montré (et décrit).

Implicite du texte, implicite des images

L'implicite diffère du non-dit: quelque chose est suggéré dans le livre, mais non explicité. Il appartient donc au lecteur d'entrevoir, d'abord, le sentier à peine tracé qui lui est proposé, puis de le prolonger, quand il s'efface, en choisissant lui-même une direction (l'interprétation) qui doit cependant prendre en compte tous les éléments explicites.

Pépin, nom d'un chien !, de Lydia Devos, est un album qui s'adresse aux jeunes enfants. Le héros, Pépin, dessine tout le temps. À la fin, il est question d'un vaste dessin réalisé sur une palissade. Or le texte dit seulement: «*Toute la classe se précipite à la sortie, pour voir le dessin de Pépin.*» Mais ce dessin n'est pas décrit et, qui plus est, à la double page suivante, on voit les spectateurs de face (le dessin est donc supposé figurer à la place du lecteur), s'exclamant: «*C'est beau !*», «*C'est trop beau, tu veux dire !*», etc. À ce stade, le dessin en question

2. Jean-Claude Fozza, Anne-Marie Garat, Françoise Parfait.

reste implicite à la fois dans le texte et dans l'image. Mais la double page suivante le représente : c'est alors l'image qui l'explicite, non le texte, qui ne le décrit pas.

En revanche, dans un autre passage, l'image suggère un implicite qui n'est pas révélé par le texte, et qui doit donc faire l'objet d'une interprétation du lecteur. Le problème de Pépin, c'est son nom, car à l'école tout le monde se moque de lui, si bien qu'il reste à l'écart et dessine. Or s'il va à l'école, c'est, comme le dit le texte, parce qu'*« il est devenu* ***grand*** » ; et l'image renchérit car Pépin est représenté en contre-plongée. L'épisode qui va mettre fin à sa solitude, c'est sa rencontre avec une vieille dame. À ce moment, dans l'image, Pépin est représenté en plongée et paraît donc tout petit. Rien dans le texte ne correspond à l'impression que ressent le lecteur en voyant cette image ; cependant le texte précise que la vieille dame comprend ce qui s'est passé pour Pépin, sans plus d'explication. Une interprétation possible de l'implicite de l'image, c'est que Pépin, enfin compris d'autrui, s'autorise à redevenir petit et à dessiner pour les autres (comme un jeune enfant pour ses parents), et non plus pour lui seul.

Les enchaînements du texte et les « raccords » des images

Il y a beaucoup de façons, au cinéma, de raccorder deux plans. Tout le monde connaît le **fondu** (l'image devient floue), et le **fondu enchaîné** (les deux images floues se superposent et la seconde apparaît). Souvent, aussi, le monteur recourt à un « plan de coupe », c'est-à-dire qu'il introduit une image intermédiaire, très brève, qui aide le spectateur à relier les deux plans. On connaît également ce mode particulier de raccordement appelé **champ/contre-champ**, consistant à filmer, alternativement, ce que voit, par exemple, un personnage, puis ce que voit son interlocuteur. On peut évoquer également les **zooms** avant et arrière, ou les **travellings**, une façon de poursuivre un plan sans raccord. Il y en a bien d'autres, que nous ne citerons pas ici car il nous suffit de quelques exemples pour montrer que dans les albums, aussi bien pour les textes que pour les images, on trouve des modes de raccordement des épisodes ou des illustrations qui paraissent fort proches des procédés cinématographiques.

Dans l'album *Moi et mon chat ?*, de Satoshi Kitamura, le premier texte est :

« Tard dans la nuit, une vieille femme au chapeau pointu entra par la fenêtre de ma chambre. Elle brandit son balai dans ma direction et proféra quelques mots. Puis elle partit sans dire au revoir... »

Ces points de suspension équivalent à un fondu au cinéma. En fait, il s'agit d'un prologue qui amorce l'histoire et la suspend aussitôt, et qui se situe en quelque sorte avant le générique, constitué par la page de titre. Ce *fondu* introduit un double suspense, le premier dissimulant le second. Le premier suspense est généré par la question que se pose le lecteur: quel est l'effet de la péripétie précédente? Dès la page de garde, l'image lui apporte une réponse: on voit le narrateur se gratter, en position féline, sous le regard ébahi de son chat. Le reste de l'histoire permet de comprendre qu'en fait il y a échange de personnalité entre l'animal et le garçon.

Le second suspense, que rien ne nourrit au cours du récit, et qui n'est dévoilé qu'à la fin, est généré par la question: pourquoi la visiteuse nocturne agit-elle ainsi vis-à-vis du personnage-narrateur? Au cours d'une autre visite, celle-là déclare: «*Excuse-moi, mon petit gars, je m'étais trompée d'adresse.*» Ce qui génère un nouveau suspense: à qui était donc destiné le sort? Réponse à la dernière page: «*À l'école, monsieur Hugo s'assit sur la table. Il se gratta* (ce que confirme le narrateur imagier)*, lécha sa chemise, et tomba dans un profond sommeil jusqu'à la fin du cours.*» Au lecteur d'imaginer alors ce que l'enseignant a fait pour mériter ce sort!

Dans un autre album, *Marie est partie*, d'Isabelle Carrier, le début du texte fait songer au fondu enchaîné d'un film. Les premières phrases sont: «*Quand Marie est partie…*», et il faut tourner la page pour avoir la suite: «*Basile a perdu une partie de lui-même.*»

En ce qui concerne le texte, on peut également trouver un équivalent du «champ/contre-champ». *Je te l'avais bien dit!*, de Taro Gomi, est un album où il n'y a que des dialogues. Un enfant suit son père. Page de droite, le texte apparaît près de l'image de l'adulte: «*Les enfants tête en l'air, ça trébuche.*» On tourne la page, et l'enfant répond, à gauche: «*Papa, j'ai trébuché sur une pierre*», ce que confirme l'image. «*Je te l'avais bien dit, mon poussin*», dit alors le père. Et cela recommence: nouvel avertissement, nouvel aléa pour l'enfant… ponctué par le père qui modifie seulement le petit mot doux final: «*mon p'tit loup*», «*mon biquet*», «*mon lapin*». Nous ne dévoilons pas la surprise finale… Ce dialogue, qui alterne page de droite et page de gauche, apparaît bien comme un équivalent du procédé de «champ/contre-champ», alors que les images ne fonctionnent pas selon le même modèle.

Bien que, contrairement au cinéma, les images des albums sont fixes, on trouve également des procédés équivalents aux raccords pour les enchaîner.

Par une nuit sans lune, de Luc Joste et Agnès Audras, est un album où les images ne représentent que des silhouettes. En articulant texte et images, on comprend que quatre personnages sont en train de dormir: Papa, Maman, et leurs enfants, Paul et Marion. Apparemment, ils rêvent, le père de son chef de bureau, la mère d'un acteur célèbre, Paul du super-héros qu'il veut devenir, et Marion de trois chatons dont elle est la mère chatte. Les images rêvées apparaissent à l'image et, de temps en temps, comme des plans de coupe, les dormeurs sont représentés.

Or les quatre rêves finissent par se rejoindre et alors une grande image où les silhouettes sont mélangées fait vraiment penser à un fondu enchaîné.

Le début de l'album *Le Monsieur de la rue d'à côté*, d'Alice Dumas et Martine Laffon, est un travelling en plongée, de quatre doubles pages, la première représentant des champs et des routes vus de très haut, la quatrième focalisée sur les maisons de la narratrice et de son voisin.

Et il existe également un album sans texte intitulé *Zoom*, d'Istvan Banyai, qui fonctionne comme un zoom arrière: la première image représente une crête en gros plan (mais on ne l'identifie pas comme telle), la deuxième le buste d'un coq, la troisième le coq entier, mais aussi la fenêtre par laquelle deux enfants le regardent, et ainsi de suite. Avec des changements surprenants puisqu'un peu plus loin on découvre que le coq, les deux enfants, les maisons et animaux alentour font partie d'un village miniature avec lequel joue une fillette. Et qu'ensuite on s'aperçoit que ce n'est qu'une image sur un catalogue de jouets...

L'intertextualité du texte et l'intericonicité des images

L'intertextualité est une façon de se référer, dans un texte, à une œuvre antérieure, généralement connue. On parlera de citation si les mots de l'œuvre antérieure sont repris textuellement, que cet emprunt soit signalé (entre guillemets, par une typographie différente) ou non. Si l'œuvre antérieure n'est que suggérée, on dira qu'il s'agit d'une allusion. Par exemple, dans l'album de Pascal Nottet et Stéphane Girel *La Princesse de Neige*, le jeune héros raconte une histoire où plusieurs passages du poème « Le Bateau ivre », de Rimbaud, sont cités sans guillemets: «*les azurs verts*», «*ineffables vents*», «*incroyables Florides*», etc. Dans ce cas, la citation participe à tout un ensemble permettant de faire découvrir la symbolique du livre[3].

En revanche, quand la maman de Jojo cuisine des «*cuisses de schtroumpfs*», sous prétexte que son fils réclame du bleu, dans *Les Idées bleues de Jojo*, de Bruno Heitz, il ne s'agit que d'une allusion, justifiée par la couleur des petits personnages de bande dessinée.

L'intertextualité peut donc n'être qu'un clin d'œil au lecteur, mais elle peut également jouer un grand rôle dans l'interprétation d'un album. *Le Diable des Rochers*, de Grégoire Solotareff, met souvent mal à l'aise les lecteurs adultes[4].

3. Pour en savoir plus, se reporter à: Christian Poslaniec, *Pratique de la littérature de jeunesse à l'école. Comment élaborer des activités concrètes.*
4. Pour connaître la réception de cet album par des enfants, se reporter à: Christian Poslaniec (dir.), *Réception de la littérature de jeunesse par les jeunes.*

Sans doute à cause de l'ambiguïté des sentiments des deux personnages. Il s'agit d'un pays où les habitants, à nos yeux, auraient l'air de monstres, car ils sont tout à la fois chats, lapins et humains. L'un d'eux, Jason, est souvent l'objet de moqueries gentilles, on lui dit qu'il est «*coiffé à la diable*», par exemple, mais il prend ça très mal, se considère réellement comme un monstre et va vivre en solitaire dans une grotte, au bord de la mer. Alors que Jason est devenu un adulte – ce que précise le texte –, une fillette du village, Angélique, tombe à l'eau, et le Diable des Rochers la sauve de la noyade, la nourrit, la garde avec lui. Elle demande à retourner voir ses parents. Jason résiste, ne veut pas la laisser partir, mais elle obtient ce qu'elle veut en disant qu'elle reviendra. Ce qu'elle fait, jusqu'au jour où elle tombe malade et ne peut avertir Jason. Ce dernier se laisse mourir de faim, tombe dans une crevasse, est sauvé de justesse, parce qu'Angélique alerte tout le village.

Ce que rien, apparemment, ne permet de démêler dans cet album, ce sont les sentiments entre l'adulte et la fillette: amitié, histoire d'amour ou relation du type parent/enfant? Et la fin ne tranche pas. Le texte dit que le temps a passé, que le Diable des Rochers vit à présent dans une maison proche du village, et que si on s'en approche, on entend une chanson, la chanson qu'Angélique a apprise au Diable des Rochers. Comment interpréter ce fait? Qui chante la chanson, Jason ou Angélique? Est-il solitaire ou vivent-ils ensemble? Et selon quel statut?

Or, si l'on remarque que cette histoire est en intertextualité avec *La Belle et la Bête*, une interprétation tend à prévaloir sur les autres. On trouve dans cet album un *monstre* aussi accueillant que la Bête vis-à-vis de sa *visiteuse*. Et même si l'album ne cite pas explicitement le conte, les péripéties sont trop proches pour qu'il s'agisse d'un hasard:

Extraits du *Diable des Rochers*	**Extraits de *La Belle et la Bête***
«Mais bien vite Angélique [...] s'ennuya de ses parents et de ses frères et sœurs.»	*«[...] j'ai tant envie de revoir mon père que je mourrai de douleur si vous me refusez ce plaisir.»*
«[...] il lui fit promettre de revenir le lendemain, et tous les jours ensuite.»	*«Promettez-moi que vous ne me quitterez jamais.»*
«[...] mourant de tristesse parce qu'il croyait avoir été abandonné pour toujours [...]. Affaibli par des jours et des jours sans se nourrir, le monstre [...] avait maigri et son était d'une grande tristesse.»	*«Elle trouva la pauvre Bête étendue, sans connaissance [...]. "Le chagrin de vous avoir perdue m'a fait résoudre à me laisser mourir de faim."»*

Alors on peut penser que *Le Diable des Rochers* est une histoire d'amour aussi chaste que celle de madame de Beaumont, qui se termine par un mariage puisque le temps a passé et que la fillette a donc eu le temps de devenir femme. Naturellement, ce n'est qu'une interprétation, mais renforcée par l'intertextualité.

L'intericonicité fonctionne, au niveau des images, exactement comme l'intertextualité. On y trouve pareillement des citations et des allusions. Par exemple, quand l'héroïne de *Pétronille et ses 120 petits*, de Claude Ponti, se trouve dans une mer de larmes, on reconnaît, nageant dans l'eau, l'Alice du pays des merveilles dessinée par Tenniel ; il s'agit donc d'une citation. Dans un album antérieur du même auteur, *Adèle et la pelle*, on voit surgir, dans un bac à sable, un serpent géant qui rappelle ceux du roman de science-fiction *Dune*, de Frank Herbert, une allusion que ne percevront pas les jeunes lecteurs.

De même, certaines citations ou allusions intericoniques fonctionnent plutôt comme des clins d'œil au lecteur, et d'autres contribuent à l'interprétation du livre. Par exemple, dans l'album *Mon chat le plus bête du monde*, dont nous avons déjà parlé, le narrateur dit qu'il a peint de nombreux portraits de son chat, et toute une page les représente. Bien que le personnage représenté dans chaque tableau soit le *chat* – autrement dit un éléphant –, on reconnaît le style de nombreux peintres: Botticelli, Magritte, Manet, Chirico, Chagall, Matisse, Picasso, Léger, Mondrian, etc. Cependant, les identifier n'ajoute rien à l'interprétation qu'on peut faire de cet album. Au contraire, dans *Une histoire à quatre voix*, d'Anthony Browne, une double citation concourt au sens. Dans la rue, contre un mur, côte à côte, deux tableaux: *La Joconde*, de Léonard de Vinci, et *Chevalier souriant*, de Frans Hals, mais les deux portraits semblent en larmes. Un peu plus loin, on les retrouve dans la rue, sortis de leurs cadres, en train de danser, et souriants. Or c'est toute la problématique de l'album qui se profile ici: comment établir des relations avec les autres, alors qu'ils sont si différents, et enfermés dans leur propre cadre?

Toutes ces correspondances entre instances textuelles et instances iconographiques expliquent comment le narrateur textuel et le narrateur imagier peuvent dialoguer. Même s'ils ne parlent pas exactement la même langue, les points communs sont suffisamment nombreux pour qu'il y ait dialogue.

•• Des types d'albums particuliers

Les grandes catégories d'articulation texte/images que nous venons de présenter sont applicables à la majorité des albums. Cependant, certains albums fonctionnent en partie différemment.

En premier lieu, il y a les albums sans texte. Par exemple, dans *Pfff*, de Yann Fastier, c'est un personnage dessiné qui joue le rôle du seul narrateur, puisqu'il n'y a pas de texte. Il s'agit d'une bougie très anthropomorphe. D'une part, elle s'adresse manifestement au lecteur, tente de communiquer avec lui, lui désignant quelque chose, donnant à sa flamme la forme d'un cœur, mimant Napoléon ou un violoniste... D'autre part, elle éclaire ou laisse dans l'ombre les épisodes de l'histoire, en partie implicites, que le lecteur doit reconstituer. On comprend que, chaque fois qu'il y a une panne de courant, à cause d'un orage, quelqu'un allume la bougie – les doigts sont visibles. Quand la bougie est allumée, la première fois, on distingue, dans la pénombre, les visages d'un homme et d'une femme, proches, et leurs quatre mains. Les saisons passent, on le voit par la fenêtre. Enfin, lors d'un nouvel orage, la bougie est rallumée – cette fois elle se consume jusqu'au bout. On aperçoit de nouveau, dans la pénombre, le couple, mais également le visage d'un bébé.

Les albums qui, dans l'illustration, privilégient l'esthétique, ne fonctionnent pas non plus selon les modèles précédents, car les images invitent davantage à connoter qu'à dénoter; leur prise en charge de l'histoire racontée nécessite donc une interprétation complète de la part du lecteur. C'est le cas de *La Fleur sans couleur*, de Kveta Pakovskà.

Les albums où les personnages sont représentés par des symboles fonctionnent aussi différemment. Par exemple, dans *Devine qui a retrouvé Teddy,* de Gerda Muller, les personnages sont symbolisés par des pas colorés au sol – chacun sa couleur. L'album est d'ailleurs sous-titré: *Une promenade invisible.*

Enfin, les albums animés ajoutent une troisième dimension aux possibilités offertes par l'articulation texte/images. Encore faut-il préciser que les albums animés racontant une histoire sont rares: la plupart sont des livres didactiques ou des livres jeux invitant le lecteur à participer. Quand ils sont narratifs, l'animation introduit la possibilité de représenter, par exemple, deux moments successifs. C'est le cas dans *Dis, Maman, si on le gardait?*, d'Arnold Shapiro. Le premier animal suggéré par Vincent est l'éléphant. Sa mère s'y oppose en utilisant un argument sans appel: «*Pour qu'il casse toutes nos chaises en s'asseyant!*». L'image représente l'éléphant en train de s'asseoir, et quand on utilise la tirette, la chaise vole en morceaux.

Ou bien, le rabat dissimulant ce qui est caché derrière peut être utilisé pour dévoiler l'intimité des personnages. Dans *Vache cache-cache,* de Valérie Le Roi, un mouton propose à une vache de se cacher tandis qu'il compte. La première fois, elle se dissimule les yeux avec les pattes. La seconde fois, elle se tapit dans l'herbe dont elle déborde de partout. Pour l'initier, le mouton lui propose de regarder qui se cache où. Le lecteur soulève les parties désignées et découvre des animaux dans leurs activités privées: la poule s'occupe de ses poussins, le canard convoite un ver de terre, le cochon prend un bain de boue, le lapin mange une carotte... En fait, il faut alors s'interroger sur la différence entre «se cacher» et «être caché».

● ● L'album s'adresse à tous

Cette approche a montré que l'album utilise des instances simplement mises en œuvre : personnages, histoire racontée, espace-temps facilement repérable..., ce qui le rend accessible à tous les enfants. En revanche, dès qu'on prend en compte les procédés de la double narration et leurs modes de correspondances, la complexité de l'album apparaît. Alors, pour traiter des notions telles que le narrateur, l'implicite, l'intertextualité et l'intericonicité, il faut se livrer à un véritable petit travail de recherche, qui peut être effectué avec les enfants, en dosant la difficulté, mais également avec des élèves de collège. C'est en procédant de cette façon qu'on accroît les possibilités d'interprétation des jeunes, ce qui est le principal objectif de toute approche littéraire et culturelle, comme le montrent les Instructions officielles de 2016.

Partie 2
Des activités concrètes autour de l'album

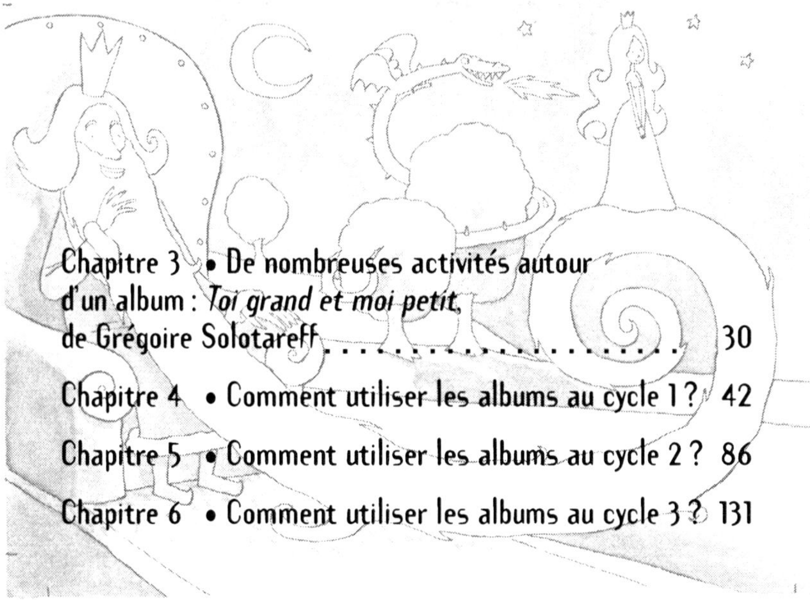

3

De nombreuses activités autour d'un album

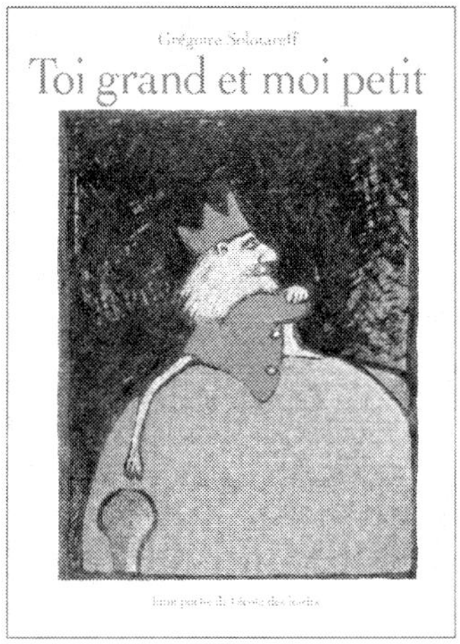

Toi grand et moi petit,
de Grégoire Solotareff
© l'École des loisirs, 1996

Nous avançons que de nombreuses activités peuvent être trouvées à partir de n'importe quel album, et que ces activités aident les élèves à s'initier à la lecture littéraire, dès le cycle 1 de l'école. À condition que **l'adulte lise d'abord l'album comme s'il lui était destiné**, avant de le lire en tant que pédagogue. L'adulte cultivé, en lisant, ne songe pas à l'exploitation qu'il peut faire du livre. Et même si l'album ne lui est pas directement destiné, il peut néanmoins éprouver une émotion esthétique, être sensible à la symbolique, et le livre peut faire remonter des souvenirs en lui.

La partie précédant chaque activité proposée est écrite dans cet esprit. C'est dans **un second temps** que nous imaginons des activités dynamiques pour les enfants. Nous incitons tous les enseignants à utiliser ce processus en deux temps, pour n'importe quel album.

Préambule

• • Diversifier les entrées

Il n'est pas question d'imaginer des animations qui auraient le livre pour prétexte. Par exemple, profiter d'un thème sur l'Afrique pour proposer l'album *Toi grand et moi petit*. Au contraire, les activités doivent aider à la compréhension du texte et des images, et notamment permettre aux enfants, qui n'ont pas encore acquis la culture nécessaire, de se familiariser avec les multiples entrées d'une lecture experte. Plus l'enseignant multiplie la diversité des entrées, plus il a de chance qu'un maximum d'élèves acquièrent les compétences nécessaires à l'autonomie en lecture. Ainsi, on sait que nombre de jeunes élèves (cycle 1) ne comprennent pas bien le récit d'un album du fait qu'ils n'ont pas perçu l'organisation du temps ou de l'espace. L'enseignant doit alors les aider à faire du sens avec le texte et l'image, et non avec l'un sans l'autre.

En fait, le nombre d'activités trouvées est proportionnel au nombre de lectures possibles, qui sont à découvrir selon le moment, l'âge et la maturité du lecteur, ses propres questionnements au moment où on lit l'album, etc. L'album de Grégoire Solotareff fait partie de ceux dont la relecture est indispensable pour en saisir toute la richesse. Très jeune, l'enfant comprendra l'histoire et saisira quelques-unes de ses composantes complexes. La relecture de l'élève plus âgé permettra d'autres découvertes, plus proches de la symbolique, cette fois.

C'est la raison pour laquelle, après une **analyse d'un thème** propre à l'album, **deux pistes d'exploitation** sont proposées à chaque fois :
– la première pour les plus jeunes ;
– la seconde pour les élèves plus grands.

Parfois il est intéressant de faire pratiquer aux plus grands l'activité destinée aux plus jeunes, selon que les élèves sont plus ou moins familiarisés avec les notions décrites.

• • Résumé de l'album

« *Il y avait une fois un petit éléphant. Et puis il y avait le roi des animaux.* » Le roi des animaux est le lion, bien sûr, qui recueille dans son palais, et contre son gré, l'éléphanteau orphelin. Le roi s'attache au jeune éléphant et lui apprend tout ce qu'il sait. En échange, l'orphelin lui chante de petites chansons apprises de sa mère. On dirait un père et son fils. Cependant, le roi fait jouer l'éléphant à des jeux dans lesquels il exerce son autorité. Le petit éléphant ne se plaint pas. Il éprouve pour le roi « *une toute petite crainte, peut-être, mais surtout une grande admiration* ». Ses premiers mots pour le roi sont : « *Toi grand, moi petit.* » Mais le temps passe et l'éléphant grandit. Le roi ne supporte pas que l'éléphant soit plus grand que lui. Il le chasse du palais.

Beaucoup plus tard, l'éléphant retrouve le lion, allongé sur un trottoir. Il a été destitué parce qu'il était trop orgueilleux. Il s'est fabriqué une fausse couronne et se laisse mourir, là. L'éléphant le recueille, le protège et lui demande d'enlever sa couronne : « *Je sais bien qui est le roi* », lui dit-il, « *Toi grand et moi petit* ».

Thèmes d'activités et pistes d'exploitation

●● Le genre du récit

La situation peut faire penser à une fable, « Le Lion et le rat », par exemple, à cause de la problématique puissant/faible. Mais la comparaison s'arrête là, car le rat ne grandit pas, lui, et dans l'album, on ne trouve pas une moralité comme : « *On a toujours besoin d'un plus petit que soi.* » Il s'agit donc plutôt d'un conte philosophique à destination des enfants, mais qui revêt pourtant une portée universelle.

Le **conte philosophique** a comme intention d'initier le lecteur à une façon de penser, de l'aider à déterminer le meilleur comportement social à adopter pour triompher de l'adversité. Le jeune lecteur y accède par un questionnement raisonné sur les conséquences des faits sur la vie des personnages. Par exemple, le roi n'est pas si mauvais, il transmet tous ses savoirs au petit éléphant. Ou bien, à la fin, l'éléphant a-t-il vraiment le pouvoir sur le roi, même déchu ? Et d'ailleurs s'agit-il pour lui d'exercer un pouvoir ?

Du point de vue de sa structure, le conte focalise sur les **deux personnages** principaux, caractérisés comme des **archétypes** : le lion est roi et l'éléphant adulte est grand. L'histoire commence par « Il y avait une fois... », elle se passe dans un palais, comme dans les contes de fées. L'époque est indéterminée et les lieux ne sont que suggérés, ce qui les rend généralisables. La symbolique s'apparente davantage à une morale sociale qu'à des comportements particuliers. Les animaux sont largement anthropomorphisés.

PISTES D'EXPLOITATION

1. Débat littéraire sur le comportement du lion

Faire deux colonnes dont les titres sont :

– Le roi lion est gentil avec l'éléphant : quelles phrases le prouvent ?

– Le roi lion est méchant avec l'éléphant : quelles phrases le prouvent ?

L'enseignant remplit les colonnes sous la dictée des élèves. Il relit, dans l'album, les passages évoqués, pour écrire les mots exacts. Puis les élèves discutent en comparant les deux colonnes.

2. Débat littéraire sur l'évolution de l'éléphant

Poser la question aux élèves : « Pourquoi l'éléphant n'a-t-il pas changé d'avis à la fin du livre, lorsqu'il répète "Toi grand, moi petit" ? ». Faire argumenter par groupes et par écrit, puis organiser un débat collectif. Ce qui doit ressortir, notamment, c'est l'image paternelle, pérenne, qu'a l'éléphant à l'égard du lion.

● ● L'anthropomorphisme

Dans les albums, le système d'anthropomorphisation ne suit pas toujours la même logique. Parfois, les animaux sont juste des substituts humains. Fréquemment aussi, la tension du récit repose sur la double nature, humaine et animale, des personnages. Parfois, comme ici, ils endossent **l'héritage culturel** qui leur est propre. Ils sont créations littéraires et religieuses et vivent de nouvelles péripéties à l'intérieur de leur propre mythe.

Une fois pour toutes, **le lion est le roi des animaux,** depuis qu'a été inventé le personnage de Noble, dans *Le Roman de Renart*. Cependant, dans diverses traditions religieuses, le lion, avant d'être roi, avait été d'essence divine : symbole de résurrection sur les tombeaux chrétiens, représentant de la majesté divine dans l'iconographie bouddhiste ou islamique, emblème de la protection contre les influences malfaisantes au Japon…

Le lion est aussi chargé des défauts inhérents à son rang. Selon le *Dictionnaire des symboles*[1] :

« *S'il est l'incarnation même du pouvoir, de la sagesse, de la justice, en revanche, l'excès de son orgueil et de son assurance en font le symbole du Père, du Maître, du Souverain, ébloui par sa propre puissance, aveuglé par sa propre lumière, et qui devient tyran, en se croyant protecteur. Il peut donc être admirable autant qu'insupportable.* »

L'éléphant est, pour l'Occident, l'image vivante de la lourdeur et de la maladresse (« l'éléphant dans un magasin de porcelaine », par exemple). Ce n'est pas l'image qui est donnée de lui dans l'album, mais plutôt celle véhiculée en Asie, où il représente Indra, le roi céleste. Sa **puissance tranquille** en fait le symbole de la paix, de la prospérité, mais aussi de la stabilité. Il faut également se souvenir que le Bouddha est né des amours de Mâya et d'un éléphanteau. Il représente parfois le Bouddha lui-même dans l'iconographie. Il joue aussi le rôle, en Inde et au Tibet, d'animal-support du monde : l'univers repose sur une échine d'éléphant. En Afrique, il représente la force, la prospérité, la longévité et la sagesse.

Plus proche de l'univers des enfants, très sociabilisé, **Babar**, dont on a fêté récemment les soixante-dix ans, est également un personnage sage et rassurant,

---

1. De Jean Chevalier et Alain Gheerbrant.

et il est certainement à l'origine de l'actuelle représentation de l'éléphant, qu'on retrouve dans *Toi grand et moi petit.*

L'anthropomorphisation, au niveau des adultes, revêt alors un **caractère mythique**. Le récit peut être lu comme un affrontement entre deux souverains, selon les traditions, chacun défendant des valeurs différentes. Les jeunes enfants, en observant les images, peuvent aussi mettre en place les rudiments de la compréhension du phénomène d'anthropomorphisation, ici caractérisé par des animaux emblématiques.

PISTES D'EXPLOITATION

1. Mimer les personnages

Page après page, les élèves prennent la même position physique que le lion et l'éléphant. Faire remarquer les situations où l'animal joue son propre rôle (quatre pattes) et celui où il est humanisé (assis, couché, debout).

2. Animaux symboliques

Faire rechercher dans des ouvrages documentaires et dans les proverbes les qualités des deux animaux, selon les croyances populaires et religieuses. Les faire comparer aux caractéristiques des personnages de l'album.

•• L'articulation entre le texte et les images

Dans cet album, le texte peut être compris sans les images. Cependant, en premier lieu, les images aideront les jeunes lecteurs à comprendre le récit, grâce à leur redondance par rapport au texte. En second lieu, elles interprètent le texte, en faisant un choix narratif. Par exemple, le petit éléphant boit du lait dans un bol, ce que ne dit pas le texte, et cela permet une note humoristique, car sa trompe lui sert de paille. En troisième lieu, les images traduisent les expressions des regards, induisant de l'émotion, alors que le texte, au contraire, la gomme.

Les images révèlent donc en partie l'implicite du texte. En partie seulement, car le narrateur imagier choisit de proposer au lecteur une galerie de portraits croqués sur le vif, avec un minimum de détails situant le décor. Ces **portraits**, qui simulent l'arrêt sur image, traduisent les pauses nécessaires à la réflexion dans le conte philosophique. Et l'absence de détails renforce la focalisation sur les deux personnages.

PISTES D'EXPLOITATION

1. Où se situent les personnages ?

Au fur et à mesure de la lecture de l'histoire, demander aux élèves où se trouvent les personnages (dans la chambre du roi, dans le jardin, etc.). Leur expliquer que parfois l'auteur veut suggérer une situation. Par exemple, pages 26-27, le décor est vide, mais les couleurs et la mise en espace traduisent la solitude de l'éléphant. Comparer aux pages 6-7 où l'on trouve le même type de décor.

2. Le hors-champ

Les élèves peuvent dessiner ce qu'on ne voit pas sur les images (le hors-champ), du fait que les plans sont toujours serrés sur les personnages, mais qu'on peut déduire du texte.

•• La structure de l'album

Il est souvent riche d'enseignement d'étudier la structure de l'album en repérant le rythme des doubles pages et des pages simples (illustration sur une page seulement). Si nous codons les doubles pages « D » et les pages simples « S », nous obtenons la structure suivante :

DDSD	SDS	SDS	DDSD

Comme on peut le constater, il s'agit d'une organisation symétrique, et comme chaque groupe de lettres représente un épisode du récit, il est facile d'en déduire que cette symétrie concerne aussi le récit.

PISTES D'EXPLOITATION

1. Structure de l'album

Les élèves font l'activité de repérage de l'organisation des illustrations. L'enseignant fait remarquer qu'au début, les personnages sont représentés seuls, puis tous les deux, puis seuls, puis tous les deux. Pourquoi ? (Cela correspond à leurs différentes rencontres et séparation dans le temps.) Faire comparer la taille et la position des animaux des images de la page 15 et de la page 31.

2. Évolution du récit

Faire effectuer le même travail que précédemment sur le repérage de la structure. Demander aux élèves de résumer les quatre temps du récit : l'adoption, l'apprivoisement, l'éducation, l'inversion des rôles.

•• Le style des images

Les images sont cernées d'un épais trait noir. Les contours des dessins sont cernés pareillement. Les couleurs utilisées sont les primaires : bleu, jaune, rouge. Elles sont parfois mélangées pour donner de l'orange ou du vert.

Les contrastes sont fortement marqués : système d'un fond en deux couleurs, divisé par une horizontale, noir faisant éclater une couleur dense, couleurs primaires juxtaposées. **Le rouge** est l'emblème de la royauté, d'abord la couleur du lion (sa couronne, sa chambre) puis celle de l'éléphanteau (culotte rouge).

Le bleu semble être la couleur de l'éléphant, dès la première page, en aplat sombre. Puis, dans les pages 8-9, le ciel bleu peut représenter la rencontre programmée avec l'éléphanteau. La porte du palais est bleue – indiquant que l'éléphanteau va pouvoir entrer –, ainsi que le bol de lait qui va le faire grandir. Quand le roi se soumet à l'éléphanteau (pp. 20-23), le fond du ciel est bleu. Enfin, l'éléphant adulte est vêtu de bleu.

Le jaune très clair, en aplats, paraît représenter le désert, et intervient chaque fois qu'une situation de solitude menace l'un ou l'autre des personnages. Auquel cas, la fin peut s'interpréter par le fait que la solitude du jaune est conjurée par l'ombre portée de l'éléphant, protégeant le lion, qui ne finira donc pas esseulé, au soleil du désert urbain, comme le suggère l'image de la page 28.

PISTES D'EXPLOITATION

1. Le rouge et le bleu

Page après page, les élèves repèrent les couleurs emblématiques des personnages, rouge pour le lion, bleu pour l'éléphant.

2. Le jaune et l'orangé

Page après page, l'enseignant fait comparer les raisons des emplois du jaune (voir commentaires ci-dessus) et de l'orangé, utilisés dans les situations positives (espoir, sérénité, personnages en phase).

• • La phrase leitmotiv

Le ton du récit est **grave, mesuré**. Les héros ne trahissent pas leurs émotions. Quand le petit éléphant dort dans le froid, il ne pleure pas, et quand le roi le chasse, il part sans reproches. Le roi préfère rester seul que de se sentir menacé dans sa puissance. Au final, le lion et l'éléphant deviennent des personnages de tragédie, les lecteurs adultes les référeront à Shakespeare ou à Racine.

Néanmoins, le leitmotiv « *Toi grand et moi petit* » constitue à lui seul un **motif de légèreté,** encore plus sensible à voix haute. D'abord, le petit éléphant dit : « *Moi petit* », plus tard il découvre : « *Toi grand* », et c'est lorsqu'il est adulte qu'il lie les deux… dans une chanson. On remarquera que l'éléphant est plus à l'aise pour dire les choses en chantant.

PISTES D'EXPLOITATION

1. En chantant

Faire inventer l'air de la chanson (p. 24).

2. Le leitmotiv

L'enseignant fait relever les endroits du texte où ces mots sont prononcés. D'abord « *Moi petit* » (p. 14), puis « *Toi grand* » (p. 18). Puis l'éléphant introduit le lien « et » à la fin de sa chanson (p. 24). Enfin, c'est par ces mots, devenus leur signe de reconnaissance, que les deux personnages se retrouvent (p. 30). Le leitmotiv devient questionnement dans la bouche du vieux roi et se veut rassurant dans celle du grand éléphant (p. 33).

Demander aux élèves si l'éléphant pense vraiment ce qu'il dit, à la fin. La réponse possible est qu'il le pense vraiment puisque dans son esprit, « grand » est équivalent à « père » (p. 23 : « *Comme un papa [...] longtemps* »). On peut faire débattre les élèves sur cette notion de « grand » et de « petit », polysémique.

• • Les narrateurs

Le narrateur imagier, tout comme le narrateur textuel, adopte la position du **conteur** qui raconte une histoire destinée au lecteur. Les personnages sont présentés chacun leur tour, en mots et en images, au début. Le narrateur imagier précise alors ce que le texte ne dit pas, tout en restant implicite, car le décor de l'histoire demeure minimaliste. À la page de présentation du roi, on pourrait penser à de l'ironie. Le texte dit (p. 9) : « *C'était un roi ni très petit, ni particulièrement grand.* » L'image le montre au sommet de sept marches, comme s'il était petit, en fait. Mais ce ton ironique ne se poursuit pas. Ce qui ajoute encore au **mystère,** c'est lorsque le narrateur textuel, omniscient, focalise parfois sur un des personnages, laissant finalement au lecteur le soin d'interpréter, de répondre à la question implicite. Par exemple :

– P. 9 : Le roi est-il petit ou grand ?
– P. 14 : Le petit éléphant a-t-il peur du roi ou non ?

PISTES D'EXPLOITATION

1. Qui raconte l'histoire ?

L'enseignant pose cette question aux enfants, pour leur faire percevoir la distinction entre auteur et narrateur. Un débat collectif est organisé.

2. Raconter l'histoire

Les élèves s'imprègnent du texte et apprennent à le raconter aux élèves d'une autre classe, en restant fidèles à l'histoire. Ils se mettent en quelque sorte à la place du narrateur.

●● Les personnages

Les personnages n'ont pas de nom. Ils sont des **emblèmes.** S'ils avaient un nom, l'histoire perdrait de sa portée universelle. Les activités porteront donc sur le caractère des personnages, afin de montrer qu'au-delà de leur nature animale, ils symbolisent des personnes que chacun peut identifier différemment, un enfant ou un père particuliers, par exemple.

PISTES D'EXPLOITATION

1. Marottes

Fabriquer des marottes toutes simples (silhouette de chaque personnage coloriée et collée au bout d'un bâton). Les élèves les manipulent en faisant parler les personnages. Ils restent fidèles au caractère de chacun (qui aura été bien mis en évidence au préalable).

2. Lecture expressive

Le texte est lu, debout, par plusieurs élèves. On peut faire deux personnages d'éléphants, petit et grand. L'interprétation à voix haute oblige à discuter sur le caractère des personnages.

●● La thématique

À partir des mots centraux « grand » et « petit », on peut construire trois thématiques différentes :

– Si *grand* s'oppose à *petit* en terme de taille, l'histoire est celle de la vie : on naît petit, puis on grandit et le grand s'interroge sur sa place. Le point de vue est alors **philosophique.**

– Si *grand* signifie « adulte » et *petit* « enfant », alors l'histoire s'oriente vers une thématique **familiale**, sur la relation père/fils en l'occurrence.

– Si *grand* signifie « puissant » et *petit* « insignifiant », la thématique est **sociale**, et porte sur la relation souverain/sujet, voire oppresseur/opprimé.

La force de l'album est que ces trois thématiques sont mêlées. Au lecteur de construire sa propre interprétation.

PISTES D'EXPLOITATION

1. Compréhension

Demander aux élèves de raconter collectivement l'histoire, après plusieurs lectures. L'enseignant se rendra compte que les élèves ne comprennent pas tous l'histoire de la même manière, sans pour autant se tromper. Il est intéressant de confronter les différents points de vue.

2. Compréhension

Faire rechercher par les élèves toutes les acceptions des mots « grand » et « petit » dans le dictionnaire. Puis les comparer à l'utilisation de ces deux mots dans le texte de Solotareff. On se rendra compte à quel point ces termes sont polysémiques et ambivalents dans l'album. La recherche des différents sens permettra de faire ressortir les trois thématiques du livre.

● ● Le temps

L'histoire dure plusieurs dizaines d'années : le temps pour l'éléphant de grandir, le temps de la séparation et le temps de la vieillesse du lion. Or, une bonne partie de ce temps reste **implicite, elliptique.**

PISTES D'EXPLOITATION

1. Durée

Faire estimer la durée de chaque épisode par les élèves :
- le temps qui s'écoule entre la page 12 et la page 21 ;
- le temps qui s'écoule entre la page 21 et 22 ;
- celui qui s'écoule entre la page 27 et la page 28.

2. Compléter l'histoire

Faire imaginer par les élèves, par écrit, ce qui a pu se passer au cours des deux dernières périodes.

● ● Les références

L'album ne nécessite pas de références particulières pour les jeunes enfants. Cependant, si l'on se réfère à la vie des **animaux de la savane**, on peut construire une nouvelle interprétation de l'histoire.

Dans la réalité, le lion est le mâle dominant, mais s'il est seul, c'est qu'il a été chassé de sa tribu par des mâles plus jeunes. Si l'on revient alors à l'album, le roi lion est déjà sur le déclin lorsqu'il accueille le petit éléphant : il parle au passé du temps de sa splendeur. Dorénavant, bien que roi, il est seul et s'interroge : « Est-ce toujours moi le plus grand ? »

De son côté, l'éléphant ne risque pas de se faire dévorer par le lion, il est de loin le plus puissant de la savane. Et ce que sous-entend la fin de l'histoire, c'est une inversion des rôles d'autant plus certaine que l'espérance de vie de l'éléphant est de soixante-dix ans, le double de celle du lion.

PISTES D'EXPLOITATION

1. Le roi puissant

Faire lire aux élèves des livres documentaires ou visionner des films sur la vie de ces deux animaux, dans la réalité. Repérer quels traits de comportement des animaux réels on retrouve dans l'histoire (liens sur réalité et fiction).

2. Le griot

Selon le *Petit Robert*, un griot est « *en Afrique, membre de la caste de poètes musiciens, dépositaires de la tradition orale* » ; « *la coutume veut que le noble parle très peu et que son griot parle à sa place* ».

Donner cette référence aux élèves et leur faire remarquer que l'éléphant, quand il chante, joue ce rôle de griot. Il le joue aussi lorsqu'il fait mimer le chien par le lion. Et c'est encore lui qui affirme l'identité du roi, tandis que le roi ne révèle rien sur l'éléphant.

• • L'intertextualité

Des œuvres antérieures traversent en quelque sorte *Toi grand et moi petit.* Elles peuvent être données à lire aux élèves. Il ne s'agit pas de proposer n'importe quel livre où il serait question d'un lion ou d'un éléphant, mais de leur faire découvrir des œuvres qui ont un lien fort avec l'album. Par exemple, des histoires dans lesquelles **le lion est le roi,** des histoires de **relations père/fils :** des extraits du *Roman de Renart* où apparaît le roi Noble[2] ; la fable d'Ésope, récrite en vers par La Fontaine, « Le Lion et le rat » ; enfin, un hommage à l'éléphant-roi avec « Les Aventures du roi Babar ».

PISTES D'EXPLOITATION

1. D'autres albums

Lire aux élèves des albums de Babar et des albums fondés sur la relation père/fils. Par exemple, *Je te l'avais bien dit !* de Taro Gomi ou *Le plus fort… c'est papa !* d'Olivier Schwartz.

2. D'autres livres

Faire découvrir des passages du *Roman de Renart,* et « Le Lion et le rat », dans les versions d'Ésope et de La Fontaine. Les comparer à l'album.

2. Voir « Le jugement de Renart » dans la version pour les enfants du *Roman de Renart*, adapté par Christian Poslaniec, illustré par François Crozat, Milan, 1997.

● ● L'auteur-illustrateur

Une présentation bio-bibliographique de Grégoire Solotareff figure sur le site *<www.ricochet-jeunes.fr>*. On y lira que l'auteur-illustrateur a vécu en Égypte et au Liban, ce qui explique l'inspiration africo-orientale des personnages et du décor. Son père était médecin et Grégoire fut médecin à son tour, mais sa vocation artistique prit le dessus.

PISTES D'EXPLOITATION

1. D'autres albums de Grégoire Solotareff

Dans la bibliothèque, faire rechercher les albums de G. Solotareff et engager une discussion sur son style pictural. Faire remarquer aux enfants qu'il n'est pas sans parenté avec celui de sa mère, Olga Lecaye, et de sa sœur, Nadja.

2. Comparer avec d'autres albums

Donner à lire plusieurs albums de G. Solotareff : *Mon frère le chien* ; *Mathieu* ; *Le Diable des rochers* ; *Moi, Fifi*, par exemple. Et faire repérer quelques constantes : le thème des rencontres d'êtres très différents, la solitude, l'abandon, le rejet, l'exclusion, mais aussi l'amitié.

Conclusion

Hors de nous l'idée de faire pratiquer aux élèves toutes les activités ici présentées ! Le pari que nous faisons, c'est de proposer le plus grand nombre d'entrées possibles dans l'album, et ce pour deux raisons. Le premier objectif est de montrer que lorsqu'on analyse un album pendant longtemps, en restant réceptif au dialogue intime, aux émotions, à la curiosité qu'il suscite, on trouve nécessairement des fils à tirer qui, filés par le pédagogue, créeront un **tissu culturel partagé** par tous les élèves d'une classe. L'album de Solotareff est particulièrement touffu, et nous l'avons choisi parce qu'il était facile de tirer quantité de fils. Le second objectif est de mettre à jour une **méthodologie d'analyse** d'un album, ainsi que son appareil pédagogique. Nous avons varié le plus possible les entrées dans un seul souci : montrer la grande cohérence de l'album, dans les limites permises par la réception.

4

Comment utiliser les albums au cycle 1 ?

1. Comprendre le récit

Situation

Les instructions officielles de 2015 indiquent que « *l'école maternelle occupe une place privilégiée pour offrir aux enfants une fréquentation de la langue de l'écrit, très différente de l'oral de communication. L'enjeu est de les habituer à la réception de langage écrit afin d'en comprendre le contenu. [...] La progressivité réside essentiellement dans le choix des textes de plus en plus longs et éloignés de l'oral. Si la littérature de jeunesse y a une grande place, les textes documentaires ne sont pas négligés.*

La littérature de jeunesse nous renvoie aux œuvres, qui, à ce niveau, ne peuvent être lues et comprises par les enfants. Or pour accéder à ces œuvres, la première notion à maîtriser est le récit. Il appartient à l'enseignant de conduire cet accompagnement à la compréhension de récits ; il doit prendre en charge la lecture, orienter et animer les échanges qui suivent l'écoute des ces œuvres afin que les enfants s'en approprient la cohérence.

Ce qu'on appelle « récit » est en fait une notion complexe, ce qui explique d'ailleurs pourquoi il faut du temps pour que les enfants la maîtrisent, et justifie qu'on commence tôt à leur en faire découvrir les ingrédients.

---

1. In *Contes de Grimm*, volume 1, ill. Nikolaus Heidelbach, trad. Armel Guerne, Le Seuil, 2003.

Schématiquement, un récit, c'est à la fois l'histoire qui est racontée et la façon dont elle est racontée. Une même histoire peut donc être racontée de nombreuses façons différentes. C'est souvent le cas des contes. Dans l'esprit des Instructions officielles, on peut comparer, par exemple, *Le Loup et les sept chevreaux*, dans la version originelle des frères Grimm[1], à deux albums récents: *L'Histoire de la vieille bique et de ses sept biquets*, de Tony Ross, *Le Loup, la chèvre et les sept chevreaux*, de Geoffroy de Pennart.

Tableau comparatif des trois albums

Éléments intangibles de l'histoire	• Il y a sept chevreaux et leur mère. • Il y a le loup. • Le loup se fait passer pour la mère en imitant sa voix. • Le loup parvient à entrer dans la maison des chevreaux. • Les chevreaux se cachent. • L'histoire finit bien pour les chevreaux.
Variations dans la façon de raconter l'histoire dans l'album de Tony Ross	• Au lieu d'aller dans la forêt «*chercher de quoi manger*», la vieille bique va au supermarché. • Le loup est un loubard, en jeans. • Pour s'adoucir la voix, le loup n'avale pas un morceau de craie, mais s'adresse à un professeur de musique. • Au lieu d'ouvrir le ventre du loup, la chèvre lui fait régurgiter ses enfants à grands coups de cornes.
Variations dans la façon de raconter l'histoire dans l'album de Geoffroy de Pennart	• Le loup est marié. Il porte un nom, Igor. Il est vêtu d'un costume avec gilet et nœud papillon. • Fariné, parfumé au *Fleur de Chavignol*, déguisé en femme, le loup parvient à berner les chevreaux du premier coup. • Mais empêtré dans sa robe, le loup tombe et s'assomme contre un mur. Les chevreaux téléphonent à leur père qui accourt. La mère arrive à ce moment et, trompée elle aussi par le déguisement du loup, croit que son mari a une aventure.

On constate ici que les personnages et les principales péripéties sont intangibles: ce sont eux qui forment la trame de l'histoire. Quant à la façon de raconter cette histoire, elle peut varier considérablement. Le tableau ci-dessus montre que trois aspects, surtout, sont modifiés dans les versions modernes du conte de Grimm: la société de référence (le décor), le ton, de moins en moins tragique, et la personnalité du loup.

Une autre façon de présenter le récit est de dire que l'histoire se déroule au niveau des personnages, alors que la façon de raconter l'histoire se situe au niveau du narrateur, qui est en quelque sorte le marionnettiste des personnages.

L'histoire est composée des différentes péripéties vécues par les personnages, souvent regroupées en épisodes ou parties. Le déclenchement de l'histoire est à chercher du côté de la situation initiale, et sa conclusion dans la situation finale, qui peut rester ouverte. C'est sur cet aspect du récit, l'histoire racontée et ses diverses structures, que nous proposons de faire réfléchir les élèves du cycle 1, afin qu'ils maîtrisent cette donnée fondamentale. En effet, les jeunes lecteurs entrent d'abord dans un récit par l'intermédiaire des personnages. C'est à eux qu'ils s'identifient éventuellement, et la tension narrative, autrement dit le suspense, qui donne envie de connaître la suite, repose naturellement sur ce qui arrive aux personnages.

La façon de raconter l'histoire varie en fonction des choix que fait le narrateur, notamment pour déterminer l'époque, les lieux, la durée de chaque épisode, le registre de langue et le style, ainsi que le ton (drôle ou dramatique, par exemple).

Exemples

●● Une structure répétitive: l'histoire en randonnée

*

Le Secret
d'Éric Battut
© Didier jeunesse, 2004.

PRÉSENTATION DE L'ALBUM

Une souris trouve une pomme, l'enterre pour la cacher et décide que c'est son secret. Successivement, un écureuil, un oiseau, une tortue, un hérisson, un lapin et une grenouille lui demandent ce qu'elle a caché. Chaque fois, elle répond: «*C'est mon secret, je ne le dirai jamais.*» Un secret qui attire l'œil du lecteur, cependant, car les mots «mon secret» sont chaque fois écrits d'une couleur différente, et tous les «O» sont remplacés par une petite pomme rouge.

Tandis que la souris répond à tous ses questionneurs, derrière elle, à l'emplacement de la pomme enterrée, pousse peu à peu un pommier; de nombreuses pommes y apparaissent, qui finissent par tomber. La souris est désappointée de voir ainsi son secret révélé, mais non les autres animaux qui accourent pour le partager.

Les **illustrations** sur fond blanc, sur les seules pages de droite, sont très épurées, positionnées en bas de page, ce qui donne au pommier la place de croître. Aucun décor n'apparaît, juste les personnages, face à face, de profil, et l'arbre qui pousse. Les personnages, minuscules, sont facilement identifiables par les enfants. Il y a correspondance entre leur couleur et celle des mots «mon secret», sur la page de gauche (bleu pour l'oiseau, vert pour la tortue...). Dans les deux premières pages, quand la souris trouve la pomme rouge, les mots «pomme» puis «mon secret» sont écrits de la même couleur. À la fin, quand tous les animaux s'emparent des pommes tombées de l'arbre, le seul texte figurant en regard est «*Mmmmmmm...*», avec cette particularité que chaque «m» reprend la couleur d'un des personnages.

Dans cet album, **le temps** semble accéléré. La croissance du pommier est représentée sur sept pages. Plusieurs années s'écouleraient-elles? Or, la succession des personnages donne l'impression inverse: que toute l'histoire se déroule en moins d'une journée. Du coup, la croissance du pommier semble magique, ce qui ne gênera nullement de jeunes enfants.

PISTES D'EXPLOITATION

● Le sens du mot «secret»

Après découverte des trois premières doubles pages, on vérifie si les enfants maîtrisent le sens du mot «secret». Comprennent-ils bien que le secret de la souris, c'est la pomme, et qu'elle l'enterre pour la cacher? On leur fait découvrir des expressions contenant le mot «secret»: «garder un secret», «mettre quelqu'un dans le secret»...

● Les personnages parlent

Quand les enfants connaissent l'album, on leur fait nommer chacun des personnages qui interrogent la souris, en leur faisant dire la structure répétitive:

– Le nouveau personnage : « *Qu'est-ce que tu as caché ?* »

– La souris : « *C'est mon secret, je ne le dirai jamais.* »

Pour aider à la compréhension, on fera jouer par les enfants cette succession de personnages qui reprennent le même dialogue, par le truchement de marottes simples, fabriquées avec la photocopie cartonnée de chaque personnage et fixées au bout d'un bâtonnet (voir chapitre 3, p. 38).

• Le jeu typographique

Il s'agit d'attirer l'attention des élèves sur la couleur des lettres du mot « pomme », dans le texte, avant d'essayer de leur faire trouver la correspondance entre cette couleur et celle de chaque nouveau personnage. On leur fait alors vérifier qu'effectivement la correspondance fonctionne à toutes les pages. Puis on s'attarde sur le « Mmmmmmm... » final multicolore. Les couleurs utilisées suggèrent que ce sont tous les animaux réunis qui prononcent cette onomatopée. Une façon de signifier qu'ils vont tous se régaler. On peut dire alors que la souris accepte de partager son secret avec tous les autres.

• De cause à effet

La principale difficulté, pour de jeunes enfants, est de comprendre d'où viennent toutes ces pommes tombées, à la fin. On leur fera remarquer que le pommier pousse à l'endroit où la souris a enterré son secret. Et si elle ne voit pas le pommier pousser – en accéléré –, c'est parce que ça se passe derrière son dos.

La souris elle-même ne paraît pas comprendre d'où viennent les pommes, quand elle dit « *Oh ! mon secret...* ». Sans doute parce qu'elle ignore comment se reproduisent les pommes. Afin que les enfants en sachent plus que la souris à cet égard, on peut leur faire découvrir des documentaires, par exemple :

– *Le Vieux Verger*, de Vanessa Luff, L'école des loisirs, coll. « Archimède », 1995.

– *La Pomme*, Gallimard jeunesse, coll. « Mes premières découvertes », 1989.

• • Une histoire à forte causalité

Vache de vache !
d'Anne Jambois, ill. Mathis
© éditions Paquet, 2002.

PRÉSENTATION DE L'ALBUM

L'histoire de cet album progresse par une série d'**alternatives** clairement présentées: l'un des deux choix possibles introduit l'alternative suivante, et cela continue ainsi jusqu'à la fin.

Le texte commence par: «*La vache a deux sous-produits: le lait et la bouse.*» C'est la première alternative. La page suivante élimine un des choix: «*Le lait, aucune importance!*», et retient l'autre, en introduisant un certain suspense par des points de suspension: «*Mais, la bouse...*» On tourne la page et la deuxième alternative est proposée: «*De deux choses l'une: soit elle tombe dans le pré... soit elle tombe sur le chemin.*» L'image de gauche représente la bouse dans le pré, celle de droite la bouse sur le chemin. Nouveau choix, nouveau suspense: «*Mais si c'est sur le chemin...*». Et ainsi de suite: soit personne ne passe, soit quelqu'un passe; soit il voit la bouse, soit il ne la voit pas; soit il passe à côté, soit il met le pied dedans. Et l'album se termine par l'image d'un passant marchant dans la bouse qui est sur le chemin, contemplé par la vache hilare, avec comme texte: «*Ah, la vache...*», qui se continue, page de droite, sans image: «*... a deux sous-produits: le lait et la bouse. Etc.*»

Vache de vache! est donc un **récit circulaire,** c'est-à-dire que la dernière page renvoie au début.

PISTES D'EXPLOITATION

● Connaître le contexte

Dans un premier temps, il s'agit de vérifier que tous les élèves savent ce qu'est une bouse de vache. On leur fait évoquer des souvenirs, afin que ceux qui savent racontent aux autres de petites anecdotes personnelles concernant les vaches et leurs... sous-produits.

● Appréhender le système d'alternatives

Pour qu'ils comprennent comment fonctionne cet album, on leur fait mimer l'histoire. Le chemin, le pré et la barrière sont délimités au sol, la bouse est découpée dans du carton. Pour chaque épisode, un enfant joue soit le rôle de la vache, soit celui du passant. On leur fait mimer alternativement les deux choix successifs.

Après quoi, pour permettre aux enfants de comprendre la structure sous-jacente, qui se présente donc comme un arbre «à choix», on matérialise au sol la structure arborescente, et on la leur fait parcourir en s'arrêtant à chaque embranchement, le temps de leur lire le texte correspondant: à eux de décider alors quelle voie choisir.

Cette arborescence peut prendre la forme suivante:

On voit bien, dans pareille arborescence, qu'une seule voie se prolonge. Toutes les autres sont des impasses.

● Utiliser la même structure pour un autre livre

Beaucoup d'histoires fonctionnent ainsi sur une structure arborescente, qui cependant ne s'affiche pas comme dans *Vache de vache.* Il peut être alors intéressant de faire découvrir cette structure cachée dans un autre album, par exemple dans *Le Bonhomme de neige*, d'Armelle Modéré et Didier Dufresne.

L'héroïne est la jeune Apolline, toujours accompagnée de son doudou. Au début, elle dit: «*Regarde, doudou, il a neigé. On va faire un bonhomme.*» À partir de là, le suspense repose sur une alternative que se pose le lecteur à chaque page, sans même s'en rendre compte: va-t-elle continuer à faire son bonhomme de neige, ou va-t-elle renoncer? On tourne la page et l'on découvre qu'Apolline réussit à faire une grosse boule de neige pour le corps, mais à la page suivante, elle glisse sur sa boule et a plein de neige dans le cou. Elle continue pourtant en fabriquant une autre boule pour la tête, qu'elle hisse sur la première. Mais à la page suivante, il s'avère qu'elle a cassé la tête en creusant les yeux, etc. La conclusion est amusante, étant donné le mal qu'Apolline a eu pour construire le bonhomme de neige, car elle annonce, une boule de neige à la main: «*Maintenant, je vais le démolir...*»

●● Un album au schéma narratif très explicite

Une petite oie pas si bête
de Caroline Jayne Churche
© Albin Michel jeunesse, 2005.

PRÉSENTATION DE L'ALBUM

Un troupeau d'oies vit dans une ferme. Toutes sont blanches, sauf une petite, toujours à se rouler dans la gadoue. Les autres se moquent d'elle. Mais quand, les nuits de pleine lune, le renard vient chasser les oies, il ne s'occupe jamais de la petite oie de la mare. Son secret? Comme ses plumes sont couvertes de boue, le renard ne la voit pas. Alors, toutes les oies se roulent dans la gadoue. À la pleine lune suivante, la petite oie repère que le ciel se charge de neige. Elle tente de prévenir les autres, mais elles ne l'écoutent pas. Elle se lave dans une mare bien claire, cette fois, et se frotte jusqu'à ce que son plumage soit bien blanc. Le renard pourchasse les oies, sauf la petite, invisible sur le fond neigeux, qui en profite pour faire trébucher le renard. Il dévale la colline comme une boule de neige et on ne le reverra plus, d'après la petite oie. Elle devient alors l'héroïne du troupeau d'oies.

Lorsqu'on ouvre l'album en entier, on voit sur la quatrième de couverture le renard à l'affût de la petite oie, dessinée en grand sur la couverture. Les pages de garde représentent les derrières des oies plongées dans l'eau : au début, tous les derrières sont blancs, sauf un, qui est brun. À la fin, c'est l'inverse. Les **illustrations** en pleine page reprennent le texte et l'éclairent. Pour autant, elles ont le souci de la nuance dans les couleurs, ombrées pour distinguer le jour et la nuit, et dans les mouvements et les expressions de la petite oie, qui garde la tête haute, sûre de son fait, en dépit de son rejet par le groupe.

Pour que les enfants comprennent cette histoire, on leur fera repérer les **liens logiques** entre les faits racontés par le narrateur. Cependant, la compréhension de cet album passe par d'**autres connaissances**, par exemple l'expression « bête comme une oie ». Ou le stéréotype du renard rusé qui mange les volailles. Ou encore le temps que dure l'histoire (entre deux pleines lunes), etc.

PISTES D'EXPLOITATION

● Comprendre la structure narrative

La décomposition narrative de l'album est simple, elle part d'un stéréotype connu : un animal veut manger les autres. La petite oie, rejetée au début, est portée en triomphe à la dernière image. Entre les deux, les choses se passent de manière quasi symétrique :

– La petite oie s'enduit de boue noirâtre. Le renard pourchasse le troupeau. L'oie explique son stratagème aux autres. Le groupe s'enduit donc de boue.

– Il neige. La petite oie s'adapte en retrouvant sa couleur naturelle. Les autres oies, non. Même situation, même conséquence, le renard pourchasse les autres. Mais, cette fois, la petite oie n'explique rien. Le lecteur peut alors penser que les oies n'ont toujours rien compris !

Théâtraliser le récit

L'album peut donner lieu à une adaptation théâtrale simple. Auparavant, les enfants confrontent ce qu'ils ont compris. L'échange collectif doit permettre de constater que les différents domaines d'apprentissage à l'école maternelle sont concernés. «Vivre ensemble»: l'oie n'est pas acceptée par le groupe; «agir et s'exprimer avec son corps»: adapter son camouflage aux situations; «découvrir le monde»: les savoirs de la petite oie; «le langage au cœur des apprentissages»: les oies ne se comprennent pas; enfin, «la sensibilité, l'imagination, la création»: la petite oie cherche, invente, imagine...

Des réseaux d'histoires similaires

On commence avec les enfants une collection d'expressions caractérisant les animaux, dans l'imagerie populaire. Ainsi, les oies sont bêtes. On leur demande pourquoi celle-ci est intelligente: parce qu'elle a appris à connaître son ennemi pour lui échapper, elle a du coup appris l'art du camouflage et elle sait évoluer selon les situations. De plus, elle sait interpréter la météo à venir à partir du ciel. Le renard, supposé rusé, est également à contre-emploi. Pareillement, chaque animal fait l'objet d'un stéréotype: «sale comme un cochon», «fier comme un paon»...

C'est grâce à la mise en réseau d'albums dans lesquels les personnages vivent les mêmes types de situations que les jeunes enfants collectionnent des scripts de récits. Plus ces scripts sont nombreux et clairement identifiés, plus ils sont convoqués automatiquement lorsque l'enfant découvre un nouveau livre. C'est la raison pour laquelle il ne suffit pas de lire de nombreux albums aux jeunes enfants. Encore faut-il leur faire identifier, comprendre et comparer les situations narratives. Dans cette perspective, on leur proposera des réseaux d'albums:

– où le renard veut manger la basse-cour (*Petite Poule Rousse et renard rusé* de Vivian Franck);

– où un animal est rejeté de sa communauté (*Le Vilain Petit Canard...*);

– où un personnage sauve sa communauté (*Yacouba* de Thierry Dedieu).

Approche transversale des trois albums

Le point commun de ces trois albums concerne la **répétitivité** de certains épisodes, et c'est la raison pour laquelle nous les avons choisis pour faire appréhender la notion de récit aux jeunes élèves. Cependant, dans les trois albums, la répétitivité ne fonctionne pas selon le même principe. C'est ce qu'on aidera les enfants à découvrir, au cours d'un débat où les trois albums seront à leur disposition:

– Dans *Le Secret*, chaque épisode est la réplique du précédent, sauf que l'interlocuteur de la souris change. C'est le principe même des **albums en randonnée**.

– Dans *Vache de vache!*, ce qui se répète, c'est la structure du choix: «ou bien... ou bien...». De nombreuses histoires fonctionnent pareillement, selon un enchaînement d'**alternatives** qui restent le plus souvent implicites.

– Dans *Une petite oie pas si bête*, le même épisode est raconté deux fois, mais en modifiant une donnée (la couleur). C'est la **répétition** qui permet au lecteur de déduire que la petite oie agit ainsi délibérément.

2. Un personnage culturellement déterminé : le cochon

SITUATION

Le personnage est l'instance centrale de la fiction, mais une instance complexe. En effet, il se construit dans l'épaisseur du récit. Il prend forme par ce que le narrateur nous dit de lui, par ce que révèle l'univers dans lequel il évolue, par l'intrigue, par ses rencontres avec d'autres personnages.

Or le personnage sert de passeur au lecteur, comme l'a montré Vincent Jouve dans son ouvrage *L'Effet-Personnage dans le roman*. Autrement dit, le personnage se construit, s'étoffe, en interaction avec le lecteur. Ce dernier, en fonction de son «*encyclopédie personnelle*»[2], comble les «blancs» du personnage, se projette, s'identifie à lui, ou le modèle.

Le personnage est donc une instance forte qui demande à être explorée en classe, et ce d'autant plus que, comme nous l'avons montré précédemment, le personnage conditionne la maîtrise du récit chez les plus jeunes.

Nous avons donc choisi le cochon comme exemple de personnage, car, généralement apprécié des enfants, il est très fréquent dans les albums.

•• L'ancienne nature du cochon

Le langage, par ses expressions populaires, tend à figer des stéréotypes animaliers: on dit «bête comme une oie», «sale comme un cochon»... Beaucoup d'albums ayant adopté le cochon comme personnage se référaient à cette expression. Aimer se rouler dans la boue semblait un trait de caractère récurrent des cochons.

Par exemple, dans *Porculus* d'Arnold Lobel, le problème du héros est de parvenir à prendre un bain de boue alors qu'il s'est égaré en ville. Dans *Léon et Albertine*, de Christine Davenier, Léon le cochon, qui est amoureux d'«*une jolie poulette, Albertine*», tente d'épater sa bien-aimée, indifférente. Parmi les prouesses qu'il effectue devant elle, il y a un plongeon dans la mare dont il sort couvert de boue.

2. Expression utilisée par Umberto Eco.

Le même thème peut être traité *a contrario* comme dans *Albert le petit cochon propre*, de Voutch et Soledad, ou dans *Beau comme un cochon*, de Dick King-Smith et Anita Jeram, où le narrateur affirme: «*Ils sont très propres.*»

Ces dernières années, l'image du cochon a évolué. Cependant, il arrive encore que son ancienne nature reprenne le dessus. Par exemple, dans l'un des albums étudiés ci-dessous, *Un cochon chez les loups*, quand Cochonnet est énervé, sa mère lui dit: «*Va prendre un bain de boue, ça te calmera.*»

•• La double nature du cochon contemporain

Dorénavant, le personnage du cochon est presque toujours un animal vivant au sein d'une famille, la plupart des péripéties découlant de sa situation familiale. En même temps, et c'est sa seconde nature aujourd'hui, il paraît toujours en relation culturelle, plus ou moins explicitement, avec le conte *Les Trois Petits Cochons.* C'est cette double nature du personnage que nous proposons de faire découvrir aux élèves.

Le thème de l'animal familial s'est d'abord imposé dans les romans, sous la forme caractéristique d'un cochon adopté par une famille humaine. Grâce à son adaptation filmique, les enfants connaissent souvent Babe, le héros du livre de Dick King-Smith: *Babe, le cochon devenu berger*, mais il y en a eu beaucoup d'autres.

Dans les albums, le thème s'est recentré en fonction de l'anthropomorphisme des animaux: le cochon et sa propre famille se conduisent comme des humains.

Mais désormais, dès qu'il est question de cochons vivant en famille, le loup n'est pas loin, comme si *Les Trois Petits Cochons* se profilaient toujours en filigrane.

Nous avons donc choisi trois albums qui mettent en scène cette double détermination: la famille et l'allusion à ce conte.

EXEMPLES

•• Au croisement de deux contes

*

Oh là là !
de Colin Mc Naughton
© Gallimard, 1996,
coll. «Folio-Benjamin», 2001.

PRÉSENTATION DE L'ALBUM

Samson, un cochon fort maladroit, vit avec ses parents dans une confortable chaumière. Au commencement de l'histoire, le loup est dehors à le guetter. Samson est alors envoyé par sa mère porter un «*panier de confiture et de miel à mère-grand*», un peu souffrante. Dès lors, l'histoire du *Petit Chaperon rouge* se mêle à celle de Samson. Vêtu de rouge, portant son panier, il s'intéresse à un papillon, à une fleur. Le loup prend un raccourci qui... le retarde, car il est attaqué par des abeilles, puis se pique dans un roncier; il essaie de recourir alors à la ruse, mais tous ses essais échouent. Il faut dire qu'il est préoccupé, car ce qui se passe lui rappelle une autre histoire dont il ne parvient pas à se souvenir, d'abord. Pas celle des *Trois Petits Cochons*, celle-là il la connaît, et la raconte à sa manière. Ce n'est qu'à la fin, quand il capture Samson et la mère-grand, que *Le Petit Chaperon rouge* lui revient. Trop tard, car au moment où il se demande comment se termine l'histoire, le père de Samson surgit sur le seuil, une hache à la main, et l'air déterminé.

PISTES D'EXPLOITATION

• L'intertextualité avec *Les Trois Petits Cochons* et *Le Petit Chaperon rouge*

On fait découvrir l'album progressivement, en questionnant les élèves dès la première double page, représentant un cochon dans une maison et un loup qui le guette à l'extérieur: «Est-ce que cette image vous fait penser à une autre histoire/un conte?» Si les enfants évoquent *Les Trois Petits Cochons*, on leur fait raconter l'histoire. Et dans ce cas, plus loin, quand le loup résume explicitement ce conte à sa manière, tel que sa mère le lui racontait («*[...] le loup s'échappe sain et sauf après avoir dévoré les trois petits cochons*»), on fait comparer la version du loup à celle que connaissent les enfants. Dans la version classique du conte, le loup mange les deux premiers cochons après avoir soufflé leur maison, mais le troisième cochon mange le loup tombé par la cheminée dans un chaudron d'eau bouillante. Cependant, beaucoup de versions pour les petits édulcorent l'histoire.

Si les enfants ne font pas immédiatement le lien avec *Les Trois Petits Cochons,* on leur lit l'histoire jusqu'au moment où le cochon, vêtu de rouge et portant un panier, part chez sa mère-grand. On leur demande alors, de la même façon, si cela leur rappelle une histoire, qu'on leur fait raconter. Puis ils découvrent l'autre conte de référence un peu plus loin, évoqué par le loup.

• Trois familles confondues

On fait décrire par les enfants la famille des *Trois Petits Cochons* (trois frères, et «*une vieille truie*», leur mère, au début du conte de Joseph Jacobs), puis celle du

Petit Chaperon rouge (la mère, sa fille, la grand-mère). Et on leur demande si la famille de Samson ressemble à l'une des deux autres familles. On peut utiliser des figurines représentant les divers personnages, que les enfants manipulent.

● Un loup entre deux histoires

Le loup de notre histoire est fort perturbé, car il ne sait dans quelle histoire il se trouve. La double intertextualité crée donc la tension narrative. C'est parce qu'il est perturbé que le loup est si maladroit.

En reprenant l'album au début et en ne leur montrant que les images, on va demander aux enfants de répertorier tous les événements prouvant que ce loup est vraiment malchanceux: dès la page de garde, un oiseau lui fait tomber une noix de coco sur la tête, et il faut vraiment être malchanceux pour qu'il y ait un cocotier sous le climat habituel des loups! Il est chassé par M. Truc, M. Troc et Mme Tric. Il va recevoir le pot de la cheminée sur la tête. Il est attaqué par des abeilles puis s'assoit sur un roncier, etc.

●● Un cochon désespéré

Y a-t-il quelqu'un qui m'aime ici?
de Jean-Charles Sarrazin
et Pascal Teulade
© l'École des loisirs, 2004.

PRÉSENTATION DE L'ALBUM

Achille, un jeune cochon, rentre de l'école et appelle ses parents qui ne l'entendent pas. Le père passe l'aspirateur, la mère perce un trou dans le mur, et il y a plein d'autres bruits dans la cuisine. Achille récidive, parle plus fort, sans résultat. Il se hisse sur une chaise et crie la phrase désespérée qui fait le titre de l'album. Comme personne ne répond, Achille, sac au dos, quitte la maison, décidé à trouver quelqu'un qui l'aime. C'est le cas de ses amis, mais cela ne suffit pas à Achille. «*Moi, je t'aime bien!*», dit l'ours, mais Achille objecte: «*Non [...] toi, tu aimes mes gâteaux...*» Même type de dialogue avec le kangourou boxeur, puis avec la maman éléphant qui aime tous les enfants du monde, et avec le singe chatouilleur. La cinquième rencontre, c'est celle du loup, qui affirme: «*Je t'aime, moi, petit cochon joufflu, je t'aime... miam!*» Heureusement, Achille est sauvé par ses parents.

Il s'agit donc d'un jeune cochon, se sentant délaissé par ses parents, en quête d'amour, et qui reconnaît l'amour parental après avoir été sauvé par eux.

PISTES D'EXPLOITATION

● Être intégré dans sa famille

Après avoir fait découvrir le livre, on fait commenter la scène où, hissé sur une chaise, Achille crie: «*Y a-t-il quelqu'un qui m'aime ici?*» Que désire exactement Achille? En fait, il veut qu'on lui prête attention, il souhaite être mieux intégré en se rendant utile: «*Je peux vous aider?*» demande-t-il au début; et à la fin, Achille est occupé, comme ses parents. Même si ses occupations s'apparentent à des jeux, il participe aux activités familiales.

● Les sens du verbe «aimer»

On fera commenter l'utilisation du verbe « aimer » lors de chaque rencontre: «*je t'aime bien*», «*je t'aime beaucoup*», «*je t'aime tout plein*», jusqu'au «*je t'aime*» peu ambigu du loup, qui introduit implicitement la référence aux *Trois Petits Cochons.*

Ce que comprend Achille et que les enfants peuvent découvrir, c'est qu'un amour intéressé (pour des gâteaux, pour faire de la boxe, pour le plaisir de chatouiller) ou indifférencié (aimer tout le monde) n'est pas le véritable amour que cherche le héros.

● L'amour parental

La question est posée au début, par Achille, qui n'obtient pas de réponse car ses parents ne l'entendent pas. On demande aux enfants comment les parents prouvent à leur fils qu'ils l'aiment. Ce n'est justement pas en le déclarant. C'est d'abord en le sauvant du loup, au risque de leur propre vie, ensuite en le serrant fort dans leurs bras. Enfin, en le faisant participer aux activités familiales, répondant ainsi au désir d'Achille: grandir.

●● Une amitié risquée

Un cochon chez les loups
de Frédéric Stehr
© l'École des loisirs, 2004.

PRÉSENTATION DE L'ALBUM

«*Cochonnet est le dernier d'une famille de sept enfants.*» Ils vivent donc à neuf dans la maison, comme on le constate à la page du petit déjeuner. Être le petit dernier n'est pas confortable pour Cochonnet: ses grands frères passent avant lui pour aller aux toilettes, ses sœurs «*veulent toujours l'habiller comme une fille*», ses parents lui donnent des ordres, et comme il refuse, il est puni. Prenant le parti inverse du héros précédent, Cochonnet déclare: «*Je ne vous aime plus! Vous n'êtes plus mes parents!*», mais cela aboutit au même résultat: il part à la recherche d'autres parents. Or il rencontre une petite louve, Loupinette, qui zozotte et qui adore les desserts (ça tombe bien, Cochonnet avait emporté des crêpes au chocolat). Loupinette emmène Cochonnet chez elle pour qu'il lui fasse d'autres crêpes. Les deux grands frères de Loupinette sont un peu menaçants («*J'adore les cochons. Surtout les petits bien tendres*»), mais préfèrent se gaver de crêpes. Pourtant quand papa loup arrive, il vaut mieux fuir. Cochonnet ramène sa nouvelle amie chez lui, et ils arrivent juste pour déguster «*la mousse au socolat*», comme dit Loupinette.

PISTES D'EXPLOITATION

• Deux types de familles

On fait décrire par les enfants la famille des cochons, puis la famille des loups. Puis, au cours d'un débat, on fait comparer les deux familles. Celle des cochons fonctionne selon des règles familiales imposées par les parents. Chez les loups, au contraire, il y a un laisser-aller manifeste.

• L'éternelle menace des loups à l'égard des cochons

Le conte de référence, *Les Trois Petits Cochons*, se profile dans l'album chaque fois qu'il est question de ce que mangent les loups. On demande aux élèves: «Est-ce que c'est dangereux pour Cochonnet d'aller chez Loupinette?», et on leur relit le passage où Cochonnet demande à son amie ce qu'on mange chez elle. La réponse est évasive, mais quand même menaçante: «*Ça dépend de ce qu'on a à se mettre sous la dent...*»

Les enfants sont aussi amenés à se rappeler ce qui se passe dans la maison des loups. On leur relit les passages concernés: le frère aîné de Loupinette qui déclare aimer les cochons, mais se laisse tenter par les crêpes; le même qui, quand son père arrive, précise: «*Lui, il n'aime pas les crêpes*»; enfin, «*la grosse voix de papa loup*» qui demande: «*Qu'est-ce qu'on mange, ce soir?*» Ces passages soulignent la menace grandissante et le fait que c'est le père, le plus âgé, qui semble le plus dangereux pour le cochon et qui l'incite à fuir.

● Une amitié contre nature

Dans ces conditions, comment une amitié est-elle possible entre Cochonnet et Loupinette ? En fait, ils nient chacun leur nature. Les élèves sont amenés à le découvrir par un questionnement approprié. Cochonnet déclare : « *Je ne suis pas un cochon [...]. La preuve... les cochons ont peur des loups et moi, je n'ai pas peur de toi.* » Et Loupinette répond : « *Et moi, ze ne suis pas un loup. La preuve... les loups ne manzent pas de dessert et moi, z'adore les desserts.* » Ainsi, abandonnant leur nature animale, ils se comportent comme des enfants humains qui adorent les desserts.

● ● Approche transversale des trois albums

On fait comparer trois éléments de chaque album. Les enfants constatent que pour chaque caractéristique, deux albums se ressemblent, et le troisième diffère :
– En premier lieu, **la composition de la famille**. Samson vit avec son père et sa mère. C'est le cas également d'Achille. Mais Cochonnet, au contraire, fait partie d'une famille nombreuse.
– En deuxième lieu, **les cochons sont en sécurité quand ils sont chez eux.** C'est quand ils sont dehors que le danger surgit. On demandera donc pour quelle raison les trois héros quittent leur maison. Achille et Cochonnet font tous deux une fugue. Mais pour Samson, c'est parce que sa mère, lasse des maladresses de son fils, lui demande de porter un panier à sa mère-grand.
– En troisième lieu, on fera commenter **la rencontre avec le loup.** Pour Samson, le loup est là dès le début et son seul objectif est de dévorer le cochon. Le loup que rencontre Achille n'est guère différent, son seul but est de manger le cochon. En revanche, la jeune louve que rencontre Cochonnet est différente, puisqu'elle préfère les desserts, et ne se comporte nullement comme un loup traditionnel, contrairement à son père.

3. Vers la narrativité : abécédaires et imagiers

SITUATION

Pour initier les tout-petits à l'univers de la fiction, on leur lit des histoires. Parallèlement, on les nourrit des représentations écrites et imagées d'objets familiers afin qu'ils se constituent un premier répertoire de mots. À fréquenter imagiers et abécédaires, le jeune enfant construit sa première « *encyclopédie personnelle* ».

Dans cette perspective, nous considérons que les abécédaires et les imagiers peuvent servir de pont entre les choses séparées (son, lettre, image) et les choses réunies (phrases et images narratives), et qu'ils peuvent donc conduire les jeunes élèves vers l'album.

D'autant plus que la nouvelle génération de ces livres se veut ludique, esthétique et interactive, loin des premiers abécédaires qui préparaient exclusivement à l'acquisition du principe alphabétique, et des premiers imagiers destinés à faire acquérir un lexique de base (lier un mot, une image et leur référent).

Imagiers et abécédaires proposent au jeune enfant de manipuler des notions qu'il peut réinvestir dans la compréhension du récit et des images de l'album: cohérence de chaque double page, univers référentiel et culturel, articulation texte/images, etc.

●● Les imagiers, ou comment nommer les objets du quotidien

L'imagier est le premier objet éducatif donné au jeune enfant pour lui apprendre à nommer les choses et à mémoriser des mots. Le premier, *L'Imagier du Père Castor*, fut publié par Paul Faucher, en 1952, et se vend encore à plus de 10000 exemplaires par an. Il présentait, dans des vignettes, le dessin d'un objet et son nom. Puis le concept a évolué. Par exemple, *Mon imagier du Père Castor*[3] est organisé en quatre parties: le corps, la nourriture, la maison, la famille, qui structurent les connaissances du monde immédiat du petit.

L'imagier a comme fonction traditionnelle de faire acquérir, de manière ludique, le vocabulaire de base sur lequel on bâtira l'apprentissage du code. En explorant le champ sémantique d'un domaine, mots et images créent les liens nécessaires à la compréhension des relations des objets entre eux. Les imagiers contemporains vont plus loin, grâce à leur dimension esthétique, qui diversifie leur réception par les enfants.

Le premier des imagiers d'une lignée qui rompt avec leur fonction exclusivement didactique est *Petit Musée*, dont les images sont des détails de tableaux choisis par Alain Le Saux et Grégoire Solotareff. À droite figure par exemple un détail de *L'asperge*, de Manet; sur la page de gauche est écrit: «*des asperges*». Les mots sont classés par ordre alphabétique, mais la raison d'être de cet album est la référence à une culture picturale patrimoniale, rendue accessible par le choix d'un seul détail désigné par un mot unique.

Cependant, la notion a encore évolué: au lieu de demander aux enfants d'associer un mot et une image, on peut aussi leur proposer des images sans texte qui, rapprochées, doivent susciter des associations d'idées, comme dans *Tout un monde*, de Katie Coupry et Antonin Louchard. Une idée, un concept, une représentation unifient plusieurs images qui forment une séquence. C'est à chaque lecteur de trouver librement le titre des séquences. Par exemple, la première a

3. De Magdalena Guirao-Jullien.

comme point commun « le matin », « les pièces de la maison le matin » ou « les carreaux », au choix. En fait, il s'agit pour le lecteur de tirer les fils des images pour saisir le sens général d'une séquence. L'adulte fera le parallèle avec l'organisation du roman, dont le texte est découpé en chapitres. Les enfants se raconteront de petites histoires en imaginant une cohérence entre les images d'une même séquence.

• • Les abécédaires, une manière de jouer avec l'alphabet

Les pages des abécédaires sont organisées en suivant l'ordre alphabétique et constituent un catalogue des signes de l'alphabet. Ils présentent les 26 lettres avec des calligraphies différentes, ce qui permet d'exercer l'œil du jeune enfant à les repérer en toutes situations. Selon les *Nouveaux programmes pour l'école* de 2002 :

« *[...] L'école maternelle doit les* [les élèves] *aider dans cette appropriation progressive des formes écrites du langage et du principe alphabétique qui structure l'écriture du français : la représentation du langage oral par les signes écrits (graphèmes) se fait prioritairement au niveau des unités distinctives (phonèmes) et non au niveau de ce qui est signifié.* »

Comme c'est le cas pour l'imagier, l'abécédaire est impensable sans les illustrations, poétiques ou humoristiques, interactives et toujours esthétiques. Par exemple, l'album *ABCDéGé*, de Guillaume Dégé et Anémone de Blicquy, explore l'alphabet par des photos représentant des personnages mimant chaque lettre, et un dessin surréaliste à l'encre. D'une approche très contemporaine, *L'Abécédire* demande au lecteur de faire du sens autour d'un mot – par exemple, « klonk ! » pour la lettre **K** k –, en rapprochant la photo en noir et blanc montrant des enfants dont le visage est masqué par un seau à sable du dessin en vis-à-vis représentant un robot. Il s'agit donc de comprendre la notion implicite qui rapproche la photo, le dessin et le mot ; « klonk » est l'onomatopée usuellement utilisée pour figurer le bruit d'objets métalliques qui s'entrechoquent.

À côté des activités visuelles, la plupart des abécédaires proposent des jeux sonores, qui procurent le plaisir de la mise en bouche des textes à lire à voix haute et de percevoir les assonances. Ces textes sont des comptines, poèmes ou histoires fantaisistes. Comptines comme dans *ABC*, de Jean-Baptiste Baronian : « ***K**évin, le **k**angourou en **k**imono, **k**laxonne sur son **k**ayak **k**a**k**i au **K**enya.* » Poèmes pour chacune des lettres, comme dans *Alphabêtise Alphabêta*, de Joël Sadeler : « *Le **G** **g**rimace et **g**ro**g**ne/il est toujours en ro**g**ne/c'est qu'il ju**g**e très moche/son menton en **g**aloche.* » Histoires fantaisistes comme dans *L'Alphabêtisier*, d'Élisabeth Brami : « ***O**pérer toutes les poupées sans oublier l'ours et le ouistiti, pour leur ôter l'os de l'appendicite ou les otites de l'oreille.* »

EXEMPLES : DEUX IMAGIERS ET UN ABÉCÉDAIRE

•• L'univers domestique

Ma maison de poupée
Créations en volume
et mise en scène de Keiko Sone,
photographies de Vincent Tessier
© Albin Michel Jeunesse,
coll. « Mon livre de mots »,
2002 (épuisé).

PRÉSENTATION DE L'ALBUM

Chaque lieu de vie de la maison est représenté par une saynète en trois dimensions, avec des objets miniatures photographiés : le jardin, la remise, l'entrée, la cuisine, le salon, la chambre des petits, la salle de bains, la chambre de Petite Maman (il s'agit d'une maison de poupée), le grenier, le garage. Quelques objets sont isolés de la scène centrale et légendés par leur nom, parfois complété par un adjectif ou un complément du nom : *« le grand lit », « le chapeau de Grand-mère », « une valise à roulettes ».*

Les noms choisis correspondent à l'univers quotidien moderne : il y a la radio dans la chambre de Petite Maman, une machine à café et un four à micro-ondes dans la cuisine…

PISTES D'EXPLOITATION

• Des objets représentés aux objets réels

De la même façon que dans l'album, on fait légender les accessoires de la maison de poupée de la classe, ou des coins jeux. On peut demander aux enfants de compléter les objets par un adjectif ou un complément du nom.

• Trier les objets de chaque pièce de la maison

On peut faire découper, dans des catalogues ou des publicités, des objets que les élèves vont poser dans les différents lieux de la maison représentés dans l'album. Chaque lieu est symbolisé, au sol, par un rectangle dessiné à la craie ou délimité par de la ficelle. On peut travailler par groupe, chacun prenant en charge un lieu.

● Qui habite dans la maison ?

Raconter une histoire : l'enseignant guide l'invention d'une histoire sur la famille qui vit là, à partir de quelques objets de l'album, en questionnant les enfants. Dans l'entrée, par exemple, il y a du courrier, une valise à roulettes, un chapeau mexicain, une voiture télécommandée. Les enfants imaginent qui habite dans la maison et pour quelles raisons ces objets sont à cet endroit. Chaque pièce peut être prétexte à imaginer une histoire dans laquelle les enfants font en sorte de retrouver tous les personnages de la famille.

●● La journée d'école d'un lutin

L'Imagier farfelu de Lulu le lutin
d'Emmanuelle Houdart
© La Martinière jeunesse, 1999.

PRÉSENTATION DE L'ALBUM

L'album prend pour prétexte le fil de la journée scolaire de Lulu le lutin pour explorer les univers d'objets et d'animaux qu'il côtoie, représentés par une collection d'images légendées. Par exemple, pour « *Chaque jour, Lulu enfile ses vêtements de lutin* » : un manteau, un pantalon, un pull, des bottes, des chaussettes, un bonnet. Ces vêtements sont dessinés accrochés au fil à linge. Leur nom est écrit en dessous. Sur la page de droite, on lit : « *Mais ce qu'il préfère, c'est son terrible costume de dragon !* »

Lulu ressemble beaucoup à un petit garçon ordinaire, si bien que sa journée n'est pas très différente de celle d'un écolier. Cependant, puisqu'il est un lutin, son histoire est légèrement décalée par rapport à la réalité : il a des oreilles pointues, il traverse la forêt pour se rendre à l'école, sa maîtresse s'appelle Abracadabra, sa marraine est une géante, etc. L'originalité de l'album – et ce qui fait son succès auprès des enfants – est de situer la notion d'imagier non seulement dans l'espace, mais aussi dans le temps ; ainsi émerge une histoire, puisque les trois éléments principaux sont réunis pour cela : un personnage permanent, des péripéties et une organisation du temps.

PISTES D'EXPLOITATION

● Le temps d'une journée d'école

Avant d'entrer plus loin dans l'album, on lit les premières pages de l'histoire aux enfants jusqu'à *«pour que la journée se passe bien»*. Après cette première découverte, ils imaginent la suite de la journée à l'aide des images.

● Collections d'images

Les éléments de l'énumération sont illustrés, à chaque fois. C'est l'occasion d'explorer la notion de collection: vêtements, outils du cartable, faune et flore de la forêt, copains de l'école des lutins, lettres de l'alphabet, parties du corps (garçons et filles sont identifiés), couleurs, jeux et jouets, plats de la cantine, sucreries, objets de la table, collection fantastique de la marraine (un poisson triste, un porte-monnaie en colère), animaux du zoo, objets de toilette et suite des rituels à accomplir avant d'aller au lit. Les collections de Lulu aident les élèves à organiser les objets entre eux: on peut réaliser plastiquement en classe les collections de Lulu, qui sont ensuite légendées et exposées.

● Structuration du temps à l'aide des collections d'objets

Les moments de la journée sont prétextes à énumération. Le matin, Lulu *«engloutit: des tartines, des céréales avec du lait, des biscottes, un chocolat chaud, un œuf, des saucisses, du jus d'orange, sans oublier de la poudre de perlimpinpin, un petit truc de lutin pour que la journée se passe bien»*. Chaque moment de la journée est ainsi ponctué d'une liste. On peut fabriquer la frise du temps de la journée de Lulu en plaçant au fur et à mesure les éléments reproduits de l'illustration, avec leurs noms écrits en dessous.

●● Interactivité entre lettres, mots et images

Mon premier abécédaire
de Nathalie Bélineau,
pâte à modeler Christelle Mekdjian
© Fleurus, 2003.

PRÉSENTATION DE L'ALBUM

Chaque double page est présentée de la même manière. Sur la page de gauche, une lettre de l'alphabet est représentée par une image-vedette: un personnage (un bébé pour « B »), un animal (un lapin pour « L ») ou une chose (un train pour « T »). Le mot n'est pas écrit, tandis que son initiale est calligraphiée dans les quatre graphies usuelles. Sur la page de droite, plusieurs objets commençant par la même lettre sont représentés par une image et son mot. Par exemple, pour « **R** », un **r**éveil, un **r**equin, un **r**enard, du **r**aisin, une **r**aquette, un **r**hinocéros, des **r**adis. Chaque objet est confectionné en pâte à modeler, comme un petit jouet, et photographié. Pour susciter le jeu interactif entre l'enfant et l'adulte, des questions portant sur la reconnaissance des objets sont posées: à la lettre « **A** », *« Montre un fruit* (un **a**nanas), *un animal* (un **â**ne ou une **a**raignée) *et un instrument de musique* (un **a**ccordéon). »

Cet album est intéressant pour les multiples propositions d'activités possibles mais surtout parce qu'il permet des échanges verbaux variés entre les enfants, et des interactions personnelles entre le monde réel, le monde imaginaire et leurs doubles représentations, images et mots associés.

PISTES D'EXPLOITATION

• Formuler une question ou une consigne

Les questions et consignes posées sur la page de gauche ne sont pas systématiques. À chaque double page, plusieurs images ne font pas l'objet de questions ou de consignes. Dans cette activité, on demande aux enfants de formuler eux-mêmes, à l'intention des autres élèves, les questions et consignes pour reconnaître et nommer les objets représentés page de droite. L'enseignant s'inspire de celles posées dans le livre. Les consignes ont comme verbe introducteur « montre », « trouve », « compte »... Les formulations des questions sont variées: *« Quel animal a une carapace sur le dos ? », « Lequel, du dragon ou du dinosaure, crache le feu ? », « Qu'est-ce qui scintille, la nuit, dans le ciel ? »...*

• Jeu du dictionnaire

On peut utiliser l'abécédaire comme un dictionnaire. Quand on se sert d'un mot en classe, on vérifie s'il est écrit dans l'album. Si ce n'est pas le cas, on complète chaque page par de nouveaux mots écrits sur des pages intercalaires. Par ce biais, l'enfant enrichit progressivement son lexique.

• Abécédaire en modelage

On fait réaliser un abécédaire en modelage des principales lettres utilisées: pour chaque lettre, les élèves modèlent un objet, un personnage ou un animal et écrivent son nom sur une étiquette. On peut partager la classe en groupes et exposer les réalisations.

•• Approche transversale des trois albums

On propose aux enfants le jeu suivant: trouver, dans les trois albums, les **objets (dessins et mots) communs**, en partant d'une des pièces de *Ma maison de poupée*. Par exemple, pour la cuisine, si l'on compare avec le petit déjeuner de Lulu le lutin, on voit en images, page de droite, les objets suivants, qui figurent en images et mots dans *Ma maison de poupée*: une tasse, une table, une cuillère, du pain. D'autres issus de ce dernier album se trouvent aussi dans *Mon premier abécédaire*: assiette, gant (mais l'un d'eux est un gant de cuisine !), maïs, pomme, poisson. Un mot est même commun aux trois: verre.

Ensuite, on leur demande de **raconter un petit déjeuner** en utilisant le maximum de ces mots.

4. Évaluer la durée d'un récit

SITUATION

Dans tout récit, la gestion du temps et de la durée est prise en charge soit par le narrateur imagier, soit par le narrateur textuel, soit par les deux. Ils offrent donc au lecteur des repères pour appréhender le temps d'un récit, par des énoncés temporels dans le texte, des détails dans les images. Par exemple, dans *Enfin la paix*, de Jill Murphy, on peut suivre l'écoulement du temps dans les images, grâce à un coucou, une horloge, un réveil...

Plusieurs temporalités peuvent aussi exister en parallèle, ce qui suppose deux histoires qui alternent dans la mise en page, ou qui sont parfois superposées. Par exemple, une histoire au présent et un rappel du passé coexistent parfois, comme nous le verrons dans le chapitre consacré au cycle 3.

Cependant, les plus jeunes peuvent percevoir l'alternance de deux temporalités quand l'une d'elles concerne le présent des personnages, et l'autre celle des histoires qu'ils inventent. C'est le cas, par exemple, dans l'album d'Anaïs Vaugelade *Virgile et le vaisseau spatial*, où la couleur du fond varie selon que le personnage est dans la réalité ou dans l'histoire qu'il imagine. Et également dans l'un des albums proposés ci-dessous.

Dans tout récit, les connecteurs temporels sont des éléments qui donnent au lecteur des renseignements précieux sur le temps et la durée d'une histoire. Les *Programmes pour l'école maternelle* de 2002 en parlent d'ailleurs en ces termes:

« La construction de repères temporels est un aspect important du développement psychologique de l'enfant pendant sa scolarité à l'école maternelle [...]. Pour les marques temporelles relatives au langage d'évocation, elles se révèlent plus difficiles à acquérir et supposent un travail assidu de la part de l'enseignant. »

Le temps du récit offre un champ d'exploration sur la durée, les marques de la temporalité, et permet d'acquérir une meilleure compréhension de la position relative des événements les uns par rapport aux autres dans la trame narrative.

EXEMPLES

●● Le compte à rebours

Au lit dans 10 minutes !
Peggy Rathmann
© l'École des loisirs, 1999.

PRÉSENTATION DE L'ALBUM

Au 1, rue Cloche-Pied, un jeune garçon laisse entrer chez lui une foule de petits hamsters juste avant l'heure du coucher. Une procession de ces bestioles envahit alors la maison, tandis que le père, tout en lisant son journal, gère le compte à rebours : *« Au lit dans 10 minutes ! », « Au lit dans 9 minutes ! »*, etc.

Le jeune garçon commence à effectuer les rituels du soir : se laver les dents, se mettre en pyjama, lire un livre, prendre son bain, mais la foule grandissante des hamsters en prend à son aise, si bien qu'au moment fatal le héros doit se fâcher. Alors tout rentre dans l'ordre, juste avant le baiser paternel.

La particularité de cet album est que les textes sont surtout les **annonces temporelles** du père, qui figurent dans des bulles et sont reprises dans l'image par un hamster en uniforme utilisant un porte-voix.

Or le texte oscille entre **trois interprétations possibles.** Tout d'abord, comme, juste avant l'annonce des dix minutes, on voit le jeune héros en train de construire, à partir d'un plan, un véhicule dont l'unique roue avant est une roue à hamster, on peut penser qu'il imagine l'histoire des hamsters. Mais il est tout aussi légitime de croire que ces événements incroyables se produisent dans l'univers du jeune garçon, car dans le journal du père, cette *« soirée exceptionnelle »* est annoncée à la une. Et il y a une troisième hypothèse, tout aussi plausible : qu'il s'agit d'une histoire de cédérom car, au début, on voit le hamster en uniforme allumer l'ordinateur, tandis que le père n'est qu'une peluche, portant une étoile de shérif, posée sur l'appareil; et à la fin, alors que l'enfant dort, le même hamster éteint l'ordinateur.

D'abord arrivent des hamsters numérotés de un à dix. L'enfant les nourrit. Après quoi ils participent aux rituels, se lavant les dents, se mettant en pyjama, lisant. Jusqu'au moment où débarquent des dizaines d'autres hamsters qui encombrent la maison.

En fait, les hamsters se comportent comme des touristes visitant un site.

PISTES D'EXPLOITATION

• Un livre réflexif

Le livre que lit l'enfant est justement *Au lit dans 10 minutes*, facilement identifiable. Dans cette activité, on présente donc aux élèves les sept doubles pages où il figure, en leur demandant ce qu'ils remarquent: chaque fois, il est ouvert à la même page que celle de l'album, la même scène est donc représentée deux fois. Comment l'interpréter? Peut-être que le petit garçon connaît ce livre et le met en scène dans son imaginaire au moment du coucher. Cependant, à la fin, le garçon dort, et le livre figure encore, ouvert cette fois aux pages de garde initiales, et c'est un hamster qui le lit!

• Le temps du petit garçon

Il s'agit ici de faire reconstituer chronologiquement, à partir des illustrations, les rituels du coucher du petit garçon. Puis on fait commenter la fin: quand le père annonce «*Au lit dans 1 minute*», l'enfant est dans son bain. Il y est encore quand il entend: «*Au lit!*» Le compte à rebours est donc achevé, alors, en toute hâte, l'enfant s'essuie, passe aux toilettes, remet son pyjama, boit un verre d'eau et court se coucher. Les élèves vont reconnaître la façon dont ils font traîner les choses, prenant encore le temps de jouer, quitte à se précipiter finalement.

• Le temps des hamsters

À partir des illustrations, faire inventer aux élèves, pour chaque minute décomptée, une phrase résumant ce qui se passe pour les hamsters. Par exemple:
- Au lit dans 10 minutes: arrivée de dix hamsters au 1 rue Cloche-Pied.
- Au lit dans 9 minutes: départ de la visite guidée en voiture.
- Etc.

On fait ainsi reconstituer toute la «saga» des hamsters.

●● Le temps d'un livre

Trabakaloum !
de Jean-Luc Englebert
© l'École des loisirs,
« Pastel », 2005.

PRÉSENTATION DE L'ALBUM

Un petit garçon nommé Thomas décide de lire un livre tout seul au moment de se coucher. C'est une histoire de sorcière ayant des pouvoirs magiques.

L'histoire se corse quand l'enfant lit qu'il est question de faire disparaître un petit garçon en usant d'une formule magique. À ce moment, on fera remarquer qu'au fil des pages, les expressions du visage de Thomas traduisent son angoisse grandissante.

Thomas, se sentant menacé, prend la sorcière de vitesse et crie la formule magique qui donne son titre à l'album. Chaque fois qu'il la prononce, l'un des intrus disparaît, dans le même ordre que son entrée dans l'histoire.

Après quoi Thomas décide que l'histoire est finie, reporte le livre dans la pièce voisine, et ferme soigneusement sa porte, restée entrouverte jusque-là, comme s'il craignait une intrusion, et s'endort.

L'album est construit de la manière suivante : la page de gauche est celle du narrateur textuel et celle de droite celle du narrateur imagier.

L'originalité de cet album réside dans ce que donne à voir le narrateur imagier, qui présente le petit garçon lisant et, au même moment, dans sa chambre, les personnages qu'il découvre dans le livre et qu'il est en train d'imaginer. Il y a **simultanéité** entre la lecture, la représentation mentale que se fait Thomas de l'histoire qu'il découvre page par page et les personnages représentés dans les images.

Les textes lus par Thomas sont rapportés en italique, page de gauche, tandis que les personnages évoqués apparaissent à côté de Thomas sur la page de droite. Ainsi, lorsque Thomas lit la première page : « *Au fond du bois vivait une sorcière…* », une sorcière apparaît au seuil de la porte de la chambre. Puis ce sont un fantôme et un dragon.

PISTES D'EXPLOITATION

● Trois types de textes pour une même scène

À partir du moment où Thomas lit son livre, le texte de la page de droite se scinde en trois types différents selon les graphies suivantes :

Thomas lit la première page.
Au fond du bois vivait une sorcière...
« Encore une histoire de sorcière ! » se dit Thomas.

La première ligne est un énoncé du narrateur. La deuxième, en italique, est le texte du livre lu par Thomas. La troisième, entre guillemets, est un monologue intérieur du héros. On fait tout d'abord remarquer aux élèves les marques distinctives (italiques et guillemets), et le fait que les phrases du livre, même quand il s'agit de dialogues, ne sont pas entre guillemets – ce qui donnerait trop de présence aux personnages imaginaires.

Puis on leur propose de jouer théâtralement cet épisode central. Pour la page de gauche, un enfant dit ce que dit le narrateur, un autre, la phrase extraite du livre de Thomas. Un troisième joue le rôle de ce dernier et prononce la phrase entre guillemets. D'autres font les rôles muets de la sorcière, du fantôme et du dragon.

Des personnages imaginaires

Après leur avoir relu le livre, on demande aux élèves : « La sorcière, le fantôme et le dragon existent-ils, ou est-ce Thomas qui les imagine ? ». Ils peuvent remarquer eux-mêmes un détail prouvant qu'il s'agit de personnages imaginés par Thomas : alors que le livre parle d'un fantôme habitant dans le grenier, le fantôme de l'image sort de l'armoire. C'est souvent ce que fait un lecteur en imaginant les personnages de l'histoire qu'il lit : il les intègre dans son propre environnement. Un autre détail peut être explicité par l'enseignant : Thomas parvient à prendre de vitesse la sorcière en prononçant le mot magique, « *Trabakaloum* ». Or, c'est un mot difficile et Thomas semble bien jeune pour le déchiffrer si vite, alors même qu'il n'est sans doute pas accoutumé à lire puisque, comme il est dit au début, « *d'habitude, c'est Papa ou Maman qui lui fait la lecture* ». Alors il y a de fortes chances que Thomas imagine ces personnages, et manipule donc le temps à son profit.

Pour bien faire percevoir cet aspect, il est possible de faire jouer tout l'album, théâtralement, par les élèves (en douze épisodes), sans qu'apparaissent la sorcière, le fantôme ou le dragon. Dans ce cas, Thomas prononce la formule magique en s'adressant à des personnages invisibles des spectateurs.

Imaginer la fin de l'histoire

Après avoir fait disparaître les intrus, Thomas conclut : « *L'histoire est finie.* » Après avoir relu aux élèves les seules phrases en italique, on leur demande s'il est vrai que l'histoire est finie. Il n'en est rien : le petit garçon du livre, qui doit disparaître, n'est pas Thomas. Alors on leur demande d'inventer la fin de cette histoire.

●● Le temps du jeu

Mon papa est un héros !
de Cyril Hahn
© Milan, 2005.

PRÉSENTATION DE L'ALBUM

Madeleine demande à son papa de jouer différents personnages: fantômes, pingouins, sorciers, dragons, pirates. À la fin, le père, épuisé par tous ces jeux de rôle, supplie Madeleine de reprendre son rôle de petite fille qui doit aller se coucher pour pouvoir inventer d'autres histoires le lendemain.

La mise en page de cet album est très structurée. Les six épisodes sont composés de la même façon. D'abord une double page avec, à gauche, l'image du père et de sa fille dans leur réalité, et, à droite, un dialogue. La petite fille annonce le jeu, par exemple: «*Dis Papa, on dirait que je serais un petit fantôme et on se promènerait dans un château hanté*»; le père obtempère: «*Oui, oui*». Suit une image sans texte, en double page, représentant la scène évoquée par Madeleine.

Cet album joue donc sur une alternance entre des moments en temps réel dans des espaces réels et des moments dans un temps imaginaire. Cependant, ces deux espaces-temps sont, chaque fois, liés entre eux par des éléments communs:
– Au début, Madeleine réveille son père pour jouer aux fantômes. Or, dans la grande image de la page suivante, le suaire du père fantôme a le même motif que la couverture du lit où il dormait. Et le thème même des fantômes, qui hantent la nuit, semble avoir été inspiré à Madeleine par le fait que son père dormait.
– Dans la deuxième scène, les deux personnages reviennent des courses. À l'arrière-plan, un chien court après un chat, ce qui semble inspirer à Madeleine le thème des pingouins poursuivis par un ours. Par ailleurs, dans la grande image qui suit, figure le panier de courses.
– La troisième scène se passe dans la cuisine. Le père tient une casserole qui fume noir. Ce qui inspire à Madeleine le thème du sorcier préparant «*des potions magiques dégoûtantes*», imagé, page suivante, par un chaudron fumant d'où sort un serpent. Et l'on trouve aussi, portée par une créature, une assiette similaire à celle qu'il y avait devant la petite fille attablée, précédemment.
– Dans la quatrième scène, père et fille jouent au cerf-volant, ce qui inspire le thème du dragon, vert dans la grande image, comme le cerf-volant, tandis que le père brandit sa lance comme précédemment son parapluie.

– Dans la cinquième scène, la fille prend son bain et l'eau a débordé, d'où le thème des pirates, la baignoire se faisant bateau, tandis que le père pirate porte les mêmes vêtements que dans la salle de bains.
– Dans la scène finale, la fillette saute sur son lit, alors que le père la supplie de redevenir une petite fille. La grande image suivante représente les deux personnages sur un tapis volant – suggéré par les sauts sur le lit. Le père dort, portant toujours les mêmes vêtements que dans la réalité.

PISTES D'EXPLOITATION

• Deux temporalités mêlées

Pour aider les élèves à repérer les deux temps de cette histoire, on fait trier les illustrations en deux catégories: celles de la vie des personnages et celles des jeux de rôle. Puis on leur lit l'une des propositions de jeu de la fillette en leur demandant de retrouver l'illustration correspondante.

• La temporalité des personnages

La durée de l'histoire des personnages est d'une journée. Elle commence le matin dans la chambre du père que sa fille réveille. Elle se poursuit par les commissions, le repas de midi, les jeux au parc, le bain de Madeleine, et s'achève par son coucher. Pour appréhender la durée du récit, les élèves sont amenés à reconstituer la chronologie de la journée par un travail de lecture de l'image.

• Les correspondances entre les deux temporalités

On fait repérer aux élèves les correspondances énumérées ci-dessus, en leur demandant notamment ce qui déclenche, chaque fois, l'imagination de Madeleine.

• • Approche transversale des trois albums

Il est intéressant de faire repérer aux élèves qu'un même moment de la journée est commun aux trois albums: **le coucher**. On leur demande alors ce qui est commun aux trois scènes de coucher: **la présence d'un livre**. Ce dernier est au centre du récit dans *Trabakaloum!* et *Au lit dans 10 minutes*. Dans *Mon papa est un héros!*, on voit un livre ouvert près du lit de Madeleine.

5. Repérer des stéréotypes

SITUATION

Selon Jean-Louis Dufays, «*apprendre à lire, c'est apprendre à maîtriser des stéréotypies*», c'est-à-dire donner du sens aux propositions «*solides*» du texte («*stereos*», en grec, signifie «solide»), après les avoir repérées. Selon lui, il n'y a pas d'activité lectrice possible sans stéréotypes et, à l'inverse, les stéréotypes sont mis en place par l'activité lectrice. Pour qu'il puisse comprendre l'œuvre à bon escient, il faut que le lecteur maîtrise un dictionnaire de base, qui se met en place peu à peu lors de l'apprentissage du code. Il doit posséder aussi une compétence encyclopédique, décrite par Umberto Eco, et qui comprend des scénarios préexistants.

● ● Scénarios

Selon Eco, ces scénarios sont empruntés à l'expérience de la vie courante ou à d'autres textes littéraires. Dans le premier cas, le scénario regroupe un certain nombre d'informations permettant la **construction d'hypothèses de lecture.** Il s'agit d'un savoir commun à tous les membres d'une communauté culturelle. Par exemple, un lapin doit absolument fuir un renard[4]. C'est une connaissance sociale du principe de la chaîne alimentaire et de la relation proie/prédateur. Il peut s'agir également de savoirs linguistiques partagés, comme c'est le cas pour les proverbes ou les expressions populaires. Celles portant sur les animaux sont très souvent détournées, recréées: on ne perçoit l'humour de «*L'éléphant fit la sourde oreille*»[5] que par référence à ses grandes oreilles (avoir des oreilles d'éléphant).

Dans le second cas, Eco évoque des scénarios empruntés à la littérature et dont la connaissance n'est pas nécessairement partagée par tous les lecteurs d'une même communauté. Il distingue trois scénarios intertextuels. D'abord, les formes génériques: le conte de fées, le roman policier, l'album de jeunesse. Ensuite, les scénarios motifs: par exemple, l'animal qui risque d'être mangé[6]. Les acteurs, les séquences, les décors y sont déterminés, mais non la succession des événements. Enfin, les scénarios situationnels: par exemple, trouver une ruse pour ne pas être dévoré[7].

---

4. *Un beau livre*, de Claude Boujon.
5. *L'Intrus*, de Claude Boujon.
6. Tous les albums de Boujon dans lesquels il est question d'un renard essayant de manger un lapin.
7. La fin de l'album *Un beau livre* en est un exemple.

La compréhension d'un récit serait alors en grande partie déterminée par le repérage de scénarios – ou de stéréotypes pertinents. Plus tard, le lecteur, ayant à sa disposition sa bibliothèque personnelle de scénarios, peut goûter les livres dans lesquels ceux-ci sont employés au second degré. C'est le cas, par exemple, de *Pauvre Verdurette*[8]. Les enfants, même jeunes, peuvent accéder au second niveau de lecture, dans les situations d'humour par exemple, du moment qu'ils connaissent le stéréotype préexistant.

●● Instructions officielles

Les instructions officielles et les documents d'accompagnement associés rappellent que la fréquentation des documentaires et des albums de littérature de jeunesse - à laquelle il faut « laisser une grande place », familiarise les élèves avec des référents culturels et les valeurs qu'ils véhiculent, les amène à des activités de lecteurs : comprendre, inter-préter, saisir l'essentiel et l'implicite d'un texte, traiter et hiérarchiser les informations. Les enfants peuvent ainsi accéder au pouvoir de représentation du langage écrit et se constituer aussi une véritable connaissance des grands thèmes et des personnages récurrents de la littérature jeunesse.

L'exploration de la langue du récit passe par le repérage de stéréotypes. Les jeunes enfants percevront rapidement, avec l'aide du maître, que ces points d'ancrage ont une ressemblance ou qu'ils peuvent s'opposer, voire être en relation de consécution. Repérer les plus évidentes de ces microstructures, c'est identifier des continuités sémantiques qui font du texte un ensemble cohérent.

Par son homogénéité, l'œuvre de Claude Boujon se prête bien au repérage des stéréotypes au cycle 1. On dit de cet auteur-illustrateur qu'il est le fabuliste du XXe siècle. Il a l'art de raconter avec distance, en sociologue. Du coup, ses albums peuvent être interprétés à deux niveaux, celui de la *fabula* et de son bestiaire, et celui, universel, des situations entre humains, grâce au truchement des stéréotypes de personnages: situations de conflits (presque) résolus, à partir d'une cohabitation insupportable, négociations diverses pour que le plus fort ne mange pas le plus faible, éloge de la connaissance grâce au livre, réflexion sur l'expérience de l'âge, figures féminines symbolisées par la sorcière, la grenouille ou la fée qui ne réussissent pas à connaître le grand amour, par exemple. Avec les trois albums suivants, les enfants s'initieront à l'art du stéréotype selon Boujon.

8. *Pauvre Verdurette*, de Claude Boujon.

EXEMPLES

●● À deux, on est plus fort

*

La Brouille
de Claude Boujon
© l'École des loisirs, 1989.

PRÉSENTATION DE L'ALBUM

Monsieur Brun et monsieur Grisou, deux lapins, sont voisins. Le temps semble user leur amitié. Ils se détestent tant que monsieur Brun décide de construire un mur entre leurs deux terriers. Monsieur Grisou, très en colère, le détruit. Ils en viennent à se donner des coups. Au plus fort de la bagarre, surgit le renard: « *Tiens, deux casse-croûte qui se battent* », se dit-il. Les deux lapins plongent dans le même terrier, creusent ensemble une galerie vers le second terrier par lequel ils s'échappent. Depuis ce jour, les deux lapins sont presque réconciliés.

PISTES D'EXPLOITATION

● Appréhender la cohérence du récit

On fait lire l'album jusqu'à la page précédant l'arrivée du renard, on annonce qu'on passe un épisode, puis on lit la page finale. On demande alors aux enfants ce qui a pu se passer entre les deux moments. Les enfants émettent des hypothèses sur la situation qui a pu réconcilier les deux lapins. L'enseignant les aide à déduire que, d'une manière générale, devant l'agression, les ennemis d'un même groupe vont devenir alliés: à deux, on est plus fort.

● Manifestations de l'intolérance

Les manifestations d'intolérance entre les deux lapins vont *crescendo*. Les enfants symbolisent chaque double page par l'objet qui fait litige en le reproduisant (collage, dessin, pâte à modeler...): les ordures, la radio, le linge étendu, le savon lancé, le mur construit, le mur détruit. Puis, ensemble, ils remettent en ordre les reproductions. L'enseignant les fait argumenter sur le fait que, le procédé de montée en puissance de la haine allant en s'amplifiant, on ne peut pas inverser les épisodes.

• Les procédés d'humour

Lorsque l'enseignant lit l'album aux enfants, il note les moments de rires partagés, signes que les enfants ont saisi le ton humoristique de Boujon et donc les stéréotypes qui, dépassés, produisent de l'humour. Il fait parler les enfants sur ce qui est drôle. Les raisons sont différentes. En voici quelques-unes: dès la première double page, l'image représente seulement les oreilles des lapins sortant de leur terrier, preuve qu'ils ne communiquent pas (sont-ils brouillés? Le mot est à expliquer). Puis les lapins sortent de leur trou comme des diables de leur boîte. C'est drôle. Les scènes de conflits font souvent rire, car elles sont aussi primaires que les scènes de Guignol. Le lecteur, parce qu'il a pris parti pour les lapins et qu'il est soulagé pour eux, rit du renard berné...

• • La peau de l'ours

Troc
de Claude Boujon
© l'École des loisirs, 1991.

PRÉSENTATION DE L'ALBUM

Le jeune ours Martin, à la fin de son hibernation, décide de descendre à la foire au troc du village. Il rencontre successivement un lapin qui a troqué ses légumes contre une liste d'objets qui font penser à un inventaire à la Prévert; un chien qui a échangé de la bonne viande contre des clous, des vis et des boulons, et une autruche, complètement plumée parce qu'elle a préféré se procurer une chanson, qu'elle a rangée dans un sac. Lorsque Martin arrive à la foire, c'est le délire. Tous les animaux en veulent à sa peau, au plein sens du terme. Alors, Martin s'enfuit dans sa montagne et jure qu'il ne redescendra plus jamais au village un jour de foire aux échanges.

PISTES D'EXPLOITATION

• Troquer, qu'est-ce que c'est?

Pour comprendre l'histoire, les enfants ont à découvrir un certain nombre de réalités sur «*la foire aux échanges*» (brocante ou vide-grenier). D'ailleurs, les échanges d'objets en maternelle font souvent partie de leur quotidien. Au-delà, c'est une réalité sociale et économique qui pose question puisque rares sont les échanges équitables. L'enseignant élabore un tableau en quatre colonnes montrant quel troc a fait chaque animal (lapin, chien, autruche) :

Quel objet a-t-il échangé ?	Quel objet a-t-il maintenant ?	Inconvénients de cet échange (indiqués dans l'album) ?	Hypothèses sur le fait que l'animal a accepté l'échange ?

À partir du tableau, les enfants discutent sur la notion d'« échange ». Au passage, l'enseignant indique le sens figuré de « *se faire plumer* ».

Un scénario en trois temps

Du point de vue de la construction narrative, le nombre « trois » fait partie des scénarios facilement repérables. Pour installer une situation, faire monter un suspense et produire un effet de rythme, l'écrivain fait rencontrer trois animaux par l'ours. Puis il y a une suspension du récit avec la rencontre du crocodile (au sens figuré, la peau du crocodile est dure) avant que notre héros arrive à la foire.

On fait inventer aux enfants trois autres animaux que l'ours peut rencontrer. Il faut que la situation aille de mal en pis : c'est pire pour l'autruche d'avoir perdu ses plumes (elle risque sa santé), que pour le lapin qui va juste se faire gourmander par sa femme. Le tableau élaboré dans l'activité précédente est utile pour construire des scénarios cohérents.

Importance de la relecture

Ce n'est qu'à la relecture qu'on comprend quels risques court l'ours en descendant au village. Au début du livre, il s'écrie en dansant : « *J'ai grandi. Je peux maintenant descendre de ces montagnes et sans crainte faire un petit tour en bas.* » Quelle crainte peut-il avoir ? Ce n'est qu'à la relecture que cette phrase prend tout son sens. On demande alors aux enfants : quelle crainte pouvait avoir l'ours ? Et pourquoi Boujon a-t-il choisi un ours comme héros ? Il est probable que la fable de La Fontaine *L'Ours et les deux compagnons* a servi de point de départ, mais ce scénario remonte au Moyen Âge.

À partir de là, on leur fait découvrir le dicton « *Il ne faut pas vendre la peau de l'ours avant de l'avoir tué* », début d'un répertoire collectif d'expressions populaires ayant pour trait commun les animaux. L'enseignant les propose aux enfants, qui vont les retrouver, en situation, dans l'album : « danser comme un ours », « vivre en ours solitaire », « être un ours mal léché »...

●● Comment devenir une « fille de papier » ?

Ah ! Les bonnes soupes
de Claude Boujon
© l'École des loisirs, 1994.

PRÉSENTATION DE L'ALBUM

La sorcière Ratatouille veut devenir plus belle encore qu'un mannequin de magazine, « *une fille de papier* ». Elle invente toutes sortes de soupes, du fait que la recette pour devenir belle n'existe pas dans ses livres. Au dernier moment, elle renonce à goûter elle-même et fait manger ses soupes magiques à ses animaux favoris, qui deviennent des attractions spectaculaires. Cela réjouit la sorcière qui les enferme dans son armoire, pour que la soupe continue son effet. La nuit suivante, elle rêve qu'elle est une star, mais quand elle ouvre l'armoire le lendemain, les animaux ont été transformés en sept petites sorcières semblables qui réclament une soupe « *simple et naturelle* ». Au lieu d'être devenue une star, la sorcière s'est muée en mère de famille !

PISTES D'EXPLOITATION

● Stéréotype du personnage de la sorcière

À force de lire des albums mettant en scène des sorcières, les enfants construisent le stéréotype de son personnage. *Ah ! Les bonnes soupes* en montre les principales caractéristiques : son portrait physique et son costume, son balai, ses grimoires, ses animaux fétiches dont le chat noir, sa collection de bocaux, ses formules magiques... Dans cette activité, les enfants réalisent un panneau avec tous ces éléments, qu'ils retrouveront dans d'autres livres de la bibliothèque, en particulier *Le Crapaud perché*, de Claude Boujon.

● La métamorphose

La sorcière est le personnage privilégié de la littérature de jeunesse pour aborder un thème stéréotypé fondateur : la métamorphose. Les pouvoirs magiques de la sorcière n'existent que pour métamorphoser son environnement. Dans l'album de Boujon, la métamorphose se joue à trois niveaux. D'abord, Ratatouille souhaite réaliser une « autométamorphose », ensuite, elle transforme ses animaux en chimères plus spectaculaires qu'effrayantes, enfin, les animaux s'humanisent en vraies petites sorcières, sortes de clones qui n'ont pas l'air de posséder de pouvoir magique, mais qui ont gagné une vraie mère.

Avec une baguette magique, les enfants peuvent imiter la sorcière : à chaque fois qu'elle touche un camarade, ce dernier se transforme, comme dans l'album, en un personnage bizarre qu'il peut mimer et décrire.

• Une récriture de Blanche-Neige

La marâtre de Blanche-Neige était une sorcière. Elle demandait à son miroir de lui dire qu'elle était la plus belle, et était déçue à chaque fois. Plus tard, Blanche-Neige devint en quelque sorte la maman des sept nains, puisqu'elle s'occupait de la maison pendant que ceux-ci allaient travailler. Souvent, dans la littérature de jeunesse, des stéréotypes intertextuels sont empruntés à des œuvres culturellement partagées par le plus grand nombre, et réinvestis dans d'autres textes. Une des interprétations possibles de *Ah! Les bonnes soupes* est que le narrateur adopte le point de vue de la marâtre. Au lieu de tuer Blanche-Neige, la sorcière essaie de devenir belle grâce à sa magie. Elle ne réussit pas, mais prend tout de même la place de Blanche-Neige en devenant la mère de sept filles.

Ici, l'enseignant fait la lecture de *Blanche-Neige*. Les enfants doivent reconnaître les lieux communs aux deux histoires, avec l'aide de l'enseignant. Ils doivent sentir qu'on reste toujours dans la fiction, puisque la star du magazine est toujours nommée « *fille de papier* » : elle n'existe pas plus que Ratatouille ou Blanche-Neige. Pas plus d'ailleurs que la souris de la sorcière, qui se prend pour une vedette (Mickey) que les enfants reconnaîtront tout de suite.

•• Approche transversale des trois albums

Ce qui rend facile la découverte des stéréotypes chez Boujon, ce sont d'abord les **stéréotypes graphiques,** facilement reconnaissables. On trouvera sa bibliographie sur Internet (vingt-cinq albums publiés, entre 1984 et 1996). Ses illustrations sont des dessins au pastel aquarellé.

Dans la bibliothèque, on peut faire trouver aux enfants tous les albums de Claude Boujon. Ils recherchent alors ce qui est pareil dans les images. Par exemple, les silhouettes noires au pastel à l'arrière-plan signifient la fuite si le personnage se sauve vers la droite ; le danger si les silhouettes, souvent en groupe, font un rictus menaçant au héros. Et pour chacun des trois albums ci-dessus, on peut trouver un ou plusieurs autres albums avec les mêmes stéréotypes : *Le Crapaud perché*, pour le personnage de la sorcière ratée ; *Verdurette cherche un abri* pour la symétrie avec *Troc*. Dans ces livres, les deux animaux sont fragiles devant les autres et s'en protègent par la solitude. Un autre album, *Cousin Ratinet*, peut illustrer le principe de s'unir, au mépris des inimitiés, quand il s'agit de sauver sa peau.

6. Naître ou ne pas naître ?

SITUATION

Dans le vaste champ culturel, il y a des petits morceaux de récit qu'on trouve utilisés dans de nombreuses œuvres. Par exemple, le motif du cygne qui chante quand il meurt : on le trouve dans des albums, des romans, des mythes, des ballets, des peintures, des sculptures, des films... De ce constat, certains théoriciens affirment qu'une bonne partie de tout texte littéraire est constituée de stéréotypes, l'invention se restreignant à quelques instances, variables selon les auteurs (un style particulier, un thème original, la psychologie hors normes d'un personnage, etc.).

Les contes, en particulier, semblent puiser constamment dans le creuset de motifs récurrents, à tel point qu'on a pu parler du « mécano des contes ». Qu'on songe, par exemple, au motif des enfants abandonnés dans la forêt, ou à celui des trois épreuves dont le héros doit triompher.

Cette notion de **récurrence d'un motif,** constitutive de la littérature, on peut la faire découvrir à de jeunes enfants, en leur proposant plusieurs albums où l'on trouve le même type d'histoire, ou son inverse.

En l'occurrence, nous avons choisi un motif qu'une chansonnette connue résume bien : « *Sortiras-tu du chou, biquette, biquette ?...* », une métaphore de la naissance symbolisée par ce chou. Une naissance refusée par la biquette en question, au point qu'il faut recourir à une argumentation convaincante – la menace, dans la chanson.

On trouve ce motif dans plusieurs albums caractérisés par le refus de naître, de sortir de l'œuf ou du ventre maternel. Et ce même motif est à l'œuvre, inversé, dans des livres où l'enfant manifeste son désir de retourner dans le nid douillet qu'il a dû quitter en naissant.

Ce motif récurrent, encore très actif dans l'imaginaire des jeunes enfants, se caractérise notamment par une approche argumentative : la volonté de celui qui ne veut pas naître ou au contraire retourner là d'où il vient est si forte qu'il faut recourir à des arguments variés pour tenter de le convaincre.

EXEMPLES

•• Des canetons réticents

Sors de ta coquille !
de Frédéric Kessler
ill. Olivier Charpentier
© Didier jeunesse, 2005.

PRÉSENTATION DE L'ALBUM

La mère cane frappe contre un œuf, «*Toc! Toc!*», et annonce: «*Mon fils, c'est l'heure d'éclore*». Apparemment, les œufs tachetés de bleu contiennent des garçons et, comme on le verra ensuite, les œufs contenant des filles sont tachetés de rose et surmontés d'un ruban noué de même couleur.

Le caneton ne veut pas sortir et dit pourquoi: «*dehors, il fait froid*», il ne sait pas nager, «*dehors, c'est dangereux*». La mère contre chaque argument: «*Je te réchaufferai*», «*Je t'apprendrai*», «*Je te protègerai*», parvenant ainsi à convaincre le caneton réticent. La cane annonce alors: «*Et d'un!*», tandis qu'un second œuf apparaît dans l'image. Cette fois, il s'agit d'une fille. Elle utilise les mêmes arguments et les réponses sont les mêmes, sauf que c'est le frère déjà né qui lui répond, prenant le relais de sa mère. Cette dernière dit alors: «*Et de deux...*», et le lecteur constate qu'il reste encore au moins sept œufs, dont un se fendille déjà, ce qui permet de supposer la suite.

Les textes de cet album sont uniquement composés de **dialogues** et de quelques **onomatopées.** Le seul changement, ce sont les locuteurs. Dans la première partie, la mère dialogue avec son fils; dans la seconde, le fils dialogue avec sa sœur: celle-ci utilise exactement les mêmes arguments que son frère précédemment, et celui-là reprend textuellement les réponses de sa mère.

Cependant, la lecture des images apporte bien d'autres informations, et notamment sur le caractère anthropomorphe des personnages. En effet, dans la première partie, pour réchauffer son fils, la cane lui tricote un vêtement de laine. Pour l'empêcher de se noyer, elle lui offre une bouée canard. Quant au danger qui menace le caneton, il est symbolisé par une écrevisse qui crève la bouée avec sa pince.

Dans la deuxième partie, les mêmes éléments sont repris avec des variantes. Comme le caneton ne sait pas tricoter, il utilise la laine pour entourer l'œuf. Il fait mine de savoir nager, plongé dans la rivière, la bouée réparée autour du corps, mais en fait c'est sa mère qui, étendant son aile sous l'eau, permet à son fils d'avoir pied. Et c'est aussi sa mère qui chasse l'écrevisse, tandis que le caneton gesticule, comme s'il était capable de faire fuir le dangereux crustacé.

PISTES D'EXPLOITATION

• Faire naître l'horizon d'attente des jeunes lecteurs

Avant de leur faire découvrir l'album, on présente aux élèves l'image de quatrième de couverture qui représente un œuf craquelé, un œil tout rond qui apparaît dans la fente et, au-dessus, des traits qui, selon le code de la bande dessinée, signifient étonnement ou circonspection.

On demande aux enfants de décrypter cette image, et de parler de ses deux mystères:

1. Quel animal se cache dans l'œuf? Il n'y a pas que les oiseaux qui pondent.
2. Qu'est-ce que cet animal ressent? Le fait de ne jeter qu'un coup d'œil à l'extérieur suggère une certaine crainte, et on peut à cette occasion initier les enfants au code de la bande dessinée, utilisé ici, en leur montrant des exemples.

Ensuite, on leur présente l'image de couverture, représentant le caneton sortant joyeusement de l'œuf. Le premier mystère est donc résolu, mais pas le second. Que s'est-il passé entre les deux moments pour que l'animal craintif soit devenu joyeux? Les enfants émettent des suppositions. On leur lit alors tout l'album. À la fin, on leur demande ce qui va se passer ensuite.

• Ce que révèlent les images

On reprend l'album depuis le début, en s'arrêtant, cette fois, à chaque double page, et en demandant aux enfants de commenter les images. Ils vont découvrir, avec l'aide de l'enseignant, que la cane agit comme une mère humaine, non comme un oiseau. On leur fait déduire, de la présence de l'écrevisse, quel danger peut menacer le caneton. Pour la deuxième partie, on leur fait remarquer que le frère n'agit pas exactement comme sa mère, précédemment, et qu'elle l'aide sans en avoir l'air.

• Le système argumentatif

Comme on l'a vu, le même dialogue est repris deux fois de suite, mais les locuteurs ne sont pas les mêmes. On relit de nouveau l'album aux enfants, en demandant chaque fois: Qui parle? À qui?

Pour bien leur faire comprendre le système argumentatif, on leur propose de jouer cet album sous forme de pièce de théâtre. Un enfant joue le rôle de la mère, un deuxième celui du caneton sortant de l'œuf, un troisième le rôle de la sœur. D'autres peuvent aussi jouer les œufs non encore éclos. Ils doivent dire les dialogues, à tour de rôle. Les accessoires peuvent être des objets réels ou des dessins.

On peut alors prolonger la pièce de théâtre par l'éclosion successive des autres œufs, en reprenant les mêmes dialogues mais en modifiant les locuteurs : la sœur joue à son tour le rôle de sa mère, tandis qu'un troisième petit canard refuse de sortir de l'œuf et reprend les arguments déjà utilisés par son frère, d'abord, puis par sa sœur.

•• Un bébé obstiné

Bébé
de Fran Manushkin
ill. Ronald Himler, trad. Anna Solal
© l'École des loisirs, 1976.

PRÉSENTATION DE L'ALBUM

Cet album est devenu un classique. Nous sommes cette fois chez les humains. Le bébé de madame Bontemps refuse de sortir de son ventre. Il s'y trouve bien, nourri par ce que mange sa mère, distrait par les couleurs dont elle lui parle en peignant ses tableaux, ou par ses commentaires sur les fleurs quand elle se promène. Le drame se noue quand, naïvement, madame Bontemps dit : «*Bébé, si tu savais comme les fleurs sont belles ! Tu verras quand tu naîtras*», et que Bébé répond : «*J'veux pas naître !*». À partir de là, les membres de la famille vont tenter de motiver le bébé à naître en lui parlant de toutes les merveilles qui l'attendent : des sous, un gâteau au chocolat, une promenade en voiture ; sa sœur, elle, «*hurle de toutes ses forces*» : «*Sors de là !*». Rien n'y fait. Chaque fois, Bébé oppose un argument : sa sœur lui fait peur, il ne voit pas à quoi servent des sous, il mange déjà très bien là où il est, et il se promène déjà avec sa mère. Finalement, le seul à ne rien tenter, le père, est plus efficace. Rentrant à la maison, il embrasse chaque membre de la maisonnée. Bébé demande ce qui se passe et son père le lui explique. Mettant sa tête contre le ventre de sa femme, il donne même un gros baiser à Bébé. «*J'ai rien senti !*», dit Bébé. «*Attends d'être dehors*», réplique son père. Ce qui provoque la réaction attendue par tous : «*"J'arrive !" hurla Bébé*».

Cet album est en noir et blanc, presque sans décors, ce qui centre l'illustration sur les personnages.

PISTES D'EXPLOITATION

● Le mot magique

Si Bébé ne cède pas aux sollicitations de son entourage, c'est parce que, par manque de références, il ne peut anticiper le plaisir de ce qu'on lui propose. Pourtant, la notion de plaisir lui est familière et passe par une onomatopée: «*Ummm!*». C'est ce qu'entend madame Bontemps «*tout au fond d'elle-même*», quand, après un bon petit déjeuner, elle demande: «*C'est bon?*». Ou quand, peignant, elle dit: «*Est-ce que tu aimes ces images que je t'ai faites?*» Or, quand le père entre et embrasse sa famille, tous font «*Ummm!*». C'est cela que perçoit Bébé, il sait qu'il s'agit donc d'un plaisir, mais il n'y a pas accès, d'où sa décision.

On demande aux élèves ce que signifie cette onomatopée, et quel rôle elle joue dans le récit.

● Le système argumentatif

On fait jouer chaque scène par deux enfants: la scène avec la mère et le refus initial; la scène avec Catherine, la sœur; celle avec Marc, le frère; celle avec Grand-Maman, puis celle avec Grand-Papa. On leur demande ensuite pourquoi chaque personnage fait cette proposition à Bébé. En fait, chacun lui parle de ce qu'il aime, sauf Catherine, qui lui donne un ordre, ce qui permet d'imaginer sa future relation avec son petit frère.

● La fin de l'histoire

L'histoire ne s'arrête pas à la décision que prend Bébé de sortir du ventre de sa mère. On appelle le docteur Fleury, qui aide l'enfant à naître. Puis chacun embrasse Bébé, et ce dernier s'exclame: «*Ummm! Je reste. J'aime ça.*» Deux pages suivent encore: Bébé se met à parler, à marcher, puis à peindre des fleurs, comme sa mère. Mais ce qu'il préfère, ce sont les baisers.

Au cours d'un débat, on demande aux élèves d'expliquer ce que cette fin, qui peut paraître superflue, apporte à l'histoire. En fait, elle renoue avec le début. C'est l'allusion aux fleurs qui avait provoqué le premier refus de Bébé. Mais finalement Bébé prend le même chemin que sa mère en peignant des fleurs. Or on découvre dans les deux dernières pages que Bébé est une fille. On peut donc imaginer que la même histoire va se reproduire plus tard. Il s'agit bien là d'un cycle, celui de la vie...

•• Régresser pour mieux s'insérer dans le réel

Je veux retourner dans le ventre de maman!
de Thierry Robberecht,
ill. Philippe Goossens
© Mijade, 2005.

PRÉSENTATION DE L'ALBUM

«*Aujourd'hui, j'ai décidé de retourner dans le ventre de Maman*», déclare la narratrice, le jour de ses cinq ans. S'ensuit un dialogue avec sa mère, qui lui en demande la raison. La fillette répond d'abord: «*Parce que j'en ai envie!*», mais aussitôt commence à argumenter. Dans un premier temps, le lecteur perçoit qu'elle oppose les avantages d'être dans le ventre de sa mère aux inconvénients d'être une grande fille. Mais son discours est ambivalent: même s'imaginant dans le ventre maternel, elle se réfère à des plaisirs de fillette. En fait, son discours mêle quatre types d'énoncés:

– Des connaissances réelles sur la vie fœtale: flotter comme un poisson, donner des coups de pied, être visible de « l'intérieur » grâce à une échographie.

– Des fantasmes sur la vie fœtale renvoyant en fait aux plaisirs d'une grande fille: jouer avec son père, écouter ce que disent les grands, regarder la télévision par le nombril...

– Des arguments sur les inconvénients d'être une grande fille: «*Dans ton ventre, je ne serai pas obligée de me lever le matin pour aller à l'école*».

– Des arguments affectifs fallacieux sur le fait qu'une mère aime davantage l'enfant qu'elle porte que l'enfant déjà né: «*Dans ton ventre* [...] *tu penseras à moi toute la journée*». Et comme la mère réplique que c'est déjà le cas, la fillette ajoute: «*tu penserais à moi plus fort*»; «*Les grands s'intéressent plus aux bébés dans le ventre qu'aux petites filles de cinq ans!*»

Le lecteur comprend petit à petit qu'il y a un **enjeu affectif inavoué**, de la part de la fillette, et ce dernier finit par se dévoiler: sa mère attend un bébé, et la fillette craint d'être moins aimée. Mais une fois rassurée sur ce point, elle montre à quel point être une fillette de cinq ans lui plaît.

PISTES D'EXPLOITATION

• Les savoirs réels de la narratrice sur la vie fœtale

On ne fait découvrir l'album aux élèves que jusqu'à: «*Mais je deviendrai énorme!*». Puis on reprend depuis le début, en leur demandant de signaler ce que la narratrice dit de vrai sur la vie du bébé dans le ventre de sa mère, et ce qu'elle imagine de faux. Chaque remarque donne lieu à un débat.

Ensuite on leur demande, dans les actes impossibles que la fillette imagine (jouer avec son père, regarder la télé, manger une glace), s'il s'agit des plaisirs d'un bébé ou d'une grande fille.

• Faire percevoir l'ambivalence de la narratrice

«Est-t-il vrai que les grandes personnes s'intéressent plus aux bébés dans le ventre qu'aux enfants de cinq ans?» demande-t-on aux élèves, en leur suggérant de se référer à leur propre expérience. Ce débat induit un choix personnel: qui a envie de retourner dans le ventre de sa mère? La majorité des enfants le refuse généralement, ce qui permet de revenir à l'album: alors pourquoi l'héroïne le désire-t-elle? Mais le désire-t-elle vraiment? Au terme de ce débat, on fait découvrir aux élèves la suite de l'album (à l'exception des deux dernières doubles pages): on sonne à la porte, ce sont les copines qui viennent fêter l'anniversaire. L'héroïne veut courir ouvrir, mais sa mère la prend à son propre piège: «*Ah, ce n'est pas possible! Si tu restes dans mon ventre, tu iras où j'irai!*».

• Faire anticiper le véritable motif de la narratrice

À ce point de l'album, les élèves sont convaincus que l'héroïne aime beaucoup avoir cinq ans, des copines, des cadeaux... Alors pourquoi a-t-elle déclaré à sa mère qu'elle voulait retourner dans son ventre? Plusieurs hypothèses cohérentes avec l'album sont possibles: elle n'aime pas l'école, elle aimerait dormir davantage le matin, elle craint que sa mère l'aime moins maintenant, elle trouve qu'avoir cinq ans est une étape difficile à franchir... On demande aux élèves ce qui peut faire supposer à l'héroïne que sa mère pense plus fort à un bébé dans son ventre qu'à une petite fille de cinq ans.

Puis on leur fait découvrir la fin de l'album, la révélation que la mère attend un bébé. Et on fait débattre sur le positionnement final de l'héroïne, qui accepte son rôle de «grande», et plus particulièrement de «grande sœur».

•• Approche transversale des trois albums

Ces trois albums sont fondés sur **l'opposition entre le monde intérieur** (œuf ou ventre maternel) **et le monde extérieur** (une société particulière). Mais cette opposition est traitée différemment dans chaque livre.

On relira les trois albums aux élèves et on leur demandera ce que chaque héros pense du monde extérieur.

Les canetons de *Sors de ta coquille !* ont peur du monde extérieur, qu'ils paraissent déjà connaître.

Dans *Bébé*, le monde extérieur semble inutile au héros, puisqu'à l'intérieur tous ses besoins sont déjà satisfaits. En revanche, contrairement aux canetons, il ne sait pas grand-chose de ce monde extérieur.

Et dans *Je veux retourner dans le ventre de maman*, la jeune héroïne montre bien que le monde extérieur où elle vit depuis cinq ans lui plaît (amies, fêtes, jeux, etc.). Dans ces conditions, déclarer à sa mère qu'elle veut retourner dans son ventre est une provocation, destinée à s'entendre dire que sa mère l'aime toujours autant malgré le nouveau bébé en gestation. D'ailleurs, le monde intérieur qu'elle imagine n'est qu'une transposition du monde extérieur.

5

Comment utiliser les albums au cycle 2 ?

1. Compléter le récit

Situation

Au cycle 1, nous avons centré l'approche du récit sur l'histoire racontée, sa structure, et les péripéties qui la composent. Tout se déroule alors au niveau des personnages qui, par leurs agissements, font avancer l'histoire. Et l'on pourrait même dire que le jeune lecteur, pour appréhender l'histoire, dialogue en quelque sorte avec les personnages : qu'est-ce que tu vas faire maintenant ? Pourquoi as-tu fait cela ? etc.

Or, la façon de raconter l'histoire dépend, elle, du narrateur, qui effectue des **choix narratifs.** Il est explicite sur certains éléments, mais allusif, voire carrément muet sur d'autres. Il peut, par exemple, raconter longuement un épisode qui ne durerait qu'un instant dans la réalité, et passer sous silence toute une journée. Ou encore qualifier certains personnages en utilisant des adjectifs spécifiques, alors que d'autres sont présentés d'une façon neutre. En fait, le narrateur s'en remet au lecteur pour compléter le récit, en combler les *blancs*. Le lecteur dialogue alors, en quelque sorte, avec le narrateur, en lui faisant des propositions de contenus complémentaires, et le narrateur accepte ou refuse selon que les propositions sont en cohérence avec l'explicite ou non. Et, comme il s'agit d'albums, le dialogue est double, en direction du narrateur textuel et du narrateur imagier.

Ce processus est d'ailleurs directement pris comme thème dans certains albums. Par exemple, le titre *Regarde bien...*[1] est une invite du narrateur, qui

1. De Jean-Claude Mourlevat.

incite le lecteur à se confronter à lui. L'héroïne, Emma, est sur son balcon, et le narrateur dit : « *Il y a mille choses à voir et mille questions à se poser* ». L'album énumère celles-ci et fait surgir peu à peu la vie de tout un quartier. Cependant, en regardant bien, le lecteur peut voir des choses, seulement représentées dans les images, non prises en compte par le narrateur textuel.

Il n'est toutefois pas nécessaire que le titre d'un livre interpelle le lecteur pour que la construction du récit appelle sa coopération. Nous avons donc choisi trois albums où cette dernière est clairement requise, portant sur des instances différentes. Combler ainsi les *blancs* du récit constitue l'une des étapes du processus d'interprétation de l'œuvre.

Exemples

•• Imaginer à partir de la réalité

***Le Temps d'une lessive* d'Anne Brouillard © Syros, coll. « Les petits voisins », 2000.**

PRÉSENTATION DE L'ALBUM

Deux enfants et leur grand-mère attendent la fin de leur lessive, dans une laverie automatique. La grand-mère parle avec son voisin. Leurs propos sont décousus, évoquant successivement le problème des couleurs quand on fait une lessive, le fait qu'un chien ait aboyé la nuit, l'influence de la lune sur la croissance des plantes, ce dont on a peur, etc. Au fur et à mesure, le narrateur imagier interprète ces propos à sa façon, dans des petites vignettes qui s'enchaînent. Par exemple, le chien a aboyé parce qu'un dinosaure facétieux (il se déguise avec les habits qui sèchent) est apparu. Dès lors, le nouveau personnage s'insinue dans l'univers du récit, allant jusqu'à pénétrer dans la laverie, pour faire des tours de manège dans une machine. Plus loin, c'est un extraterrestre qui apparaît, et ainsi de suite.

Pour articuler texte et images, le lecteur doit combler les *blancs* de l'histoire. Supposons, par exemple, que ce sont les deux enfants, muets, qui à partir des mots entendus, d'une part, et à partir de ce qu'ils voient, d'autre part, imaginent ces épisodes extraordinaires. La seule fois où ils s'expriment, à la fin, en sortant le linge de la machine, ils disent: «*Au revoir petits poissons*», alors que le narrateur imagier vient de représenter un monde sous-marin, puis: «*Bon retour les habits*», retrouvant ainsi la réalité.

Pour construire cette interprétation, le lecteur doit repérer plus particulièrement certains mots et images qui, associés, servent de déclencheurs.

PISTES D'EXPLOITATION

● Susciter l'imagination des jeunes lecteurs

Dans un premier temps, sans leur montrer les images, on lit le seul texte aux élèves, en leur demandant d'imaginer ce qui peut se passer de bizarre, comme le fait le narrateur imagier. Pour faciliter cette approche, dans un second temps, on leur pose des questions auxquelles ils peuvent répondre par des dessins. Par exemple:
- Pourquoi le chien de la grand-mère s'est-il mis à aboyer?
- Les plantes grandissent-elles énormément à la lune ascendante?
- Est-ce que ça existe, les extraterrestres?
- Etc.

● Articuler texte et images

Après la découverte de tout l'album (par petits groupes, s'ils savent déjà suffisamment lire), on demande aux enfants d'associer le texte et l'image qui, solidairement, déclenchent l'imagination des jeunes personnages, pour chaque épisode. Par exemple:
- Dans le texte, l'évocation du chien qui a aboyé. Dans les images, page 3, il y a une suite de six images où l'on voit le linge tourner dans une machine. Or, dans la quatrième image, on distingue une sorte de dinosaure de la même couleur et de la même forme que celui de l'histoire imaginée.
- Dans le texte, évocation des extraterrestres. Dans le hublot d'une machine à laver, le tournis forme une galaxie. Zoom sur l'une des planètes, puis sur un extraterrestre.
- Dans le texte, évocation de la mousse, trop abondante. Dans les images également, et cela devient de la barbe à papa introduisant le thème d'une fête foraine.

Etc.

● La cohérence d'un dialogue apparemment décousu

Au fur et à mesure qu'ils entendent les propos des personnages adultes, les personnages d'enfants construisent une histoire imaginaire qui se poursuit avec une certaine cohérence (par exemple, l'extraterrestre fait des crêpes, et il est rejoint par le dinosaure). Cependant, le dialogue des adultes s'enchaîne également selon une certaine cohérence, fréquente dans les dialogues réels: à partir d'un mot, l'interlocuteur bifurque vers un autre thème. On fera repérer ces bifurcations par les enfants. Par exemple:

– Au début c'est une image, celle du hublot de la machine, plein de reflets, évoquant la lune, qui rappelle à la grand-mère l'épisode du linge oublié toute la nuit à sécher, et celui du chien.

– À partir de la lune, le voisin évoque les plantes qui poussent plus vite.

– L'évocation des plantes rappelle à la grand-mère qu'elle veut aménager son jardin, avec un bassin, mais elle a peur qu'on s'y noie.

– À partir du mot « peur », le voisin évoque les extraterrestres. Et ainsi de suite.

● ● Un mystérieux narrateur

Gare à toi, souris!
de Judy Waite,
ill. Norma Burgin,
trad. Laurence Bourguignon
© Mijade, 1998.

PRÉSENTATION DE L'ALBUM

La couverture représente un chat guettant une souris. D'emblée, le titre pose question: qui énonce cette exclamation? Aucune réponse n'est apportée par les pages de garde initiales, qui représentent une maison et un arbre, ni par la page de titre, qui ne représente que la souris. La première double page de l'histoire accroît le mystère. L'image représente la souris qui entre dans une propriété privée. Mais le texte est riche d'implicite: *« Tu vois cette grille? [...] nous allons entrer dans ce jardin »*. Au moins trois questions se posent alors:

– Qui parle? Autrement dit, qui est le narrateur textuel?

– Pourquoi dit-il « nous »? Est-ce un pluriel de majesté? Est-il le porte-parole d'un groupe? Ou englobe-t-il le lecteur dans ce « nous »? Le « tu » initial, qui ne peut s'adresser à la souris, puisque la phrase suivante l'exclut du « nous » (« La souris est bien entrée, elle. »), conduit à retenir cette troisième hypothèse.

– Que s'est-il passé pour que cette maison soit abandonnée?

L'histoire se poursuit de la même manière, composée d'épisodes où un chat menace constamment la souris. Le mystérieux narrateur textuel s'adresse à la souris, pour l'avertir, mais elle ne paraît pas l'entendre. Il s'adresse également au lecteur, constamment: «*Regarde*», «*Tu entends*»..., et continue à l'entraîner dans l'histoire en disant «nous».

Le narrateur imagier est complice du narrateur textuel puisqu'il ne représente que les aventures de la souris et du chat. Sauf à la dernière page, où le texte dit: «*J'aboie*», tandis que l'image représente un chien.

Quant au troisième mystère (pourquoi la maison a-t-elle été abandonnée ?), il ne sera pas dévoilé. Sur la maison figure un écriteau: «*Danger*». Tout prouve qu'on l'a quittée brusquement, mais c'est au lecteur d'en imaginer la cause.

PISTES D'EXPLOITATION

● L'horizon d'attente du lecteur

Après avoir présenté la première double page aux élèves, on leur demande de discuter collectivement sur les trois mystères qui se posent, et de faire des hypothèses, notamment sur le narrateur et sur l'abandon de la maison.

● Le narrateur

On fait découvrir l'album jusqu'à «*et ça va mal tourner si je ne me montre pas !* », et on demande aux élèves s'ils en savent plus sur celui qui raconte l'histoire. En fait, les seuls éléments glanés dans le texte concernent la taille du narrateur. Mais s'ils sont attentifs aux images, ils peuvent discerner l'ombre de la tête du chien, dans la page où figurent des raquettes, et son vague reflet, dans un miroir, à la page suivante. On dévoile alors la fin.

● Le lecteur co-énonciateur

Au terme de l'album, le lecteur ne sait toujours pas pourquoi la maison a été abandonnée. Il sait seulement qu'elle est dangereuse (mais pourquoi ?), qu'elle a été abandonnée brusquement (meubles et objets sont restés), qu'elle était habitée par une famille (portraits, nounours), qu'on y pratiquait la lecture, la musique, le tennis (livres, journaux, raquettes, partitions), et que tout cela date de très longtemps (objets anciens). Après cette découverte collective, on demande aux élèves, par groupes, d'inventer une histoire en cohérence avec ces éléments, expliquant l'abandon de la maison.

● ● Une histoire derrière l'histoire

Prince Arthur et princesse Leïla
de Béa Deru-Renard,
ill. Kristien Aertssen
© l'École des loisirs, « Pastel », 2003.

PRÉSENTATION DE L'ALBUM

Le prince Arthur est à marier, les prétendantes accourent. La reine Irène impose trois épreuves: «*préparer un bon petit plat*», «*coudre un vêtement de roi*», «*chanter un refrain*». Toutes échouent car Arthur n'est pas satisfait. Dès le début, un oiseau gris, personnage de l'histoire, a qualifié la reine Irène de sorcière. De fait, cette dernière maudit les prétendantes: «*Et que le vent vous emporte!*». En fait, c'est l'oiseau que le vent emporte «*à l'autre bout du monde*», où une princesse orientale, voilée et les cheveux couverts, se morfond, parce que son père lui impose d'épouser un prince inconnu. Elle prend soin de l'oiseau épuisé qui lui révèle alors être un oiseau magique. Il exaucera trois vœux. «*Emporte-moi loin d'ici*», réplique Leïla, c'est son premier vœu. L'oiseau gris se transforme en pélican et l'emporte. Leïla a «*le mal de l'air*» et demande à redescendre, c'est son deuxième vœu. Elle se retrouve alors à la cour de la reine Irène, qui lui impose les trois épreuves. Leïla demande à Arthur ce qu'il veut qu'elle cuisine pour lui. «*Des pralines et des macarons*», répond celui-ci. Comme elle ne sait pas les préparer, c'est lui qui cuisine et, pareillement, il prend en charge les deux autres épreuves. Quand sa mère revient, Arthur déclare que c'est Leïla qu'il veut épouser. La mère se fâche: elle ne veut pas d'une «*étrangère*» dans la famille. Alors Leïla utilise son troisième vœu en faisant disparaître la mère. Quant à l'histoire d'amour, elle finit fort bien.

Derrière cette histoire, qui a toute l'apparence d'un conte merveilleux, s'en profile une autre, plus symbolique. Pour la percevoir, il faut relier des éléments épars, et c'est là le rôle du lecteur. En effet, si l'histoire d'amour devient possible entre ces deux personnages de cultures si différentes, c'est parce que chacun renonce à une partie de ses coutumes et adopte une partie des coutumes de l'autre. Ainsi, durant le vol dans le bec du pélican, Leïla perd son voile, mais c'est délibérément qu'elle choisit de découvrir ses cheveux. Si Leïla trouve bons les macarons d'Arthur, c'est parce qu'ils lui rappellent les loukoums. Et à la fin, c'est de concert que les amoureux «*cuisinent ensemble des macarons au goût de loukoum*», «*tricotent des djellabas*», et chantent en chœur une berceuse marocaine. L'originalité de l'expression «tricoter des djellabas» montre bien l'intégration des deux cultures.

PISTES D'EXPLOITATION

• Raconter le conte

Dans un premier temps, on peut faire raconter le conte merveilleux par les enfants, en soulignant les ingrédients conventionnels de cette forme littéraire: prince et princesse, méchante reine, trois épreuves, trois vœux, oiseau magique, etc.

• L'ironie dans le conte

Plusieurs aspects, qu'on fera découvrir aux élèves, révèlent une certaine ironie qui laisse apparaître que ce conte n'est peut-être pas si traditionnel.

– En premier lieu, d'habitude, ce sont les princes qui essaient d'épouser une princesse.

– En second lieu, les épreuves des contes sont dangereuses.

– En troisième lieu, en prenant lui-même en charge la réalisation des épreuves, le prince Arthur en dénie l'importance.

– Enfin, la reine Irène semble provoquer tous les événements. En effet, c'est bien le vent qu'elle suscite qui emporte l'oiseau jusqu'à Leïla.

• Rassembler des éléments épars

Pour construire l'interprétation symbolique de l'histoire, les élèves doivent relier certains éléments et leur donner un sens personnel. D'une façon générale, on peut dire que les trois éléments à rapprocher concernent:

– L'effacement des parents, porteurs de leur tradition. Pour la mère d'Arthur, c'est un vœu qui la fait disparaître. Pour le père de Leïla, c'est plus complexe: il n'apparaît que dans l'image où Leïla se morfond sur son sort, caché derrière un rideau. Or, en couverture, apparaît une scène similaire, sauf que c'est Arthur qui apparaît derrière le rideau; cette scène ne peut figurer dans l'histoire puisque le prince ne va pas chez Leïla. Arthur prend donc symboliquement la place du père de Leïla, mais non caché, et souriant.

– L'abandon de certaines coutumes propres aux deux cultures. Pour Leïla, on remarquera que son voile s'envole, et qu'elle découvre ses cheveux. Pour Arthur, le fait de réaliser lui-même les épreuves est une façon de contester l'ordre établi.

– Le croisement des cultures. La scène finale, décrite dans le résumé, le montre. Et on peut même supposer, à partir des deux dernières pages, qu'un héritier fait partie des projets du couple : ils chantent une berceuse, Leïla brandit une robe d'enfant, et en bas de l'image figure un couple de canards suivis de canetons.

● ● Approche transversale des trois albums

La comparaison entre ces trois livres permet notamment de faire découvrir aux élèves une notion qui permet de mieux appréhender le jeu de la lecture littéraire : **le lecteur en sait plus que les personnages.** Plus précisément, les narrateurs textuel et imagier s'entendent pour informer le lecteur en priorité, comme en aparté par rapport à la plupart des personnages.

C'est évident dans *Gare à toi, souris !*, où le mystérieux narrateur à la première personne s'adresse d'emblée au lecteur, puis l'entraîne dans l'aventure en disant « nous ». Alors même que les deux autres personnages, le chat et la souris, ne se savent pas observés.

Dans *Le Temps d'une lessive*, le lecteur accède, grâce à la complicité du narrateur imagier, aux dérives imaginaires des deux gamins, alors que les deux autres personnages, la grand-mère et le voisin, n'en savent rien.

Dans *Prince Arthur et princesse Leïla*, le narrateur textuel, qui reste constamment dans la coulisse, semble au début pousser devant lui l'un des personnages, l'oiseau gris, afin que ce dernier en présente un autre : la mère. C'est donc l'oiseau qui qualifie la mère de « sorcière », en s'adressant au lecteur-spectateur. Pareillement, quand la princesse Leïla expose sa situation, elle recourt à un monologue qui ne peut s'adresser qu'au lecteur-spectateur, puisqu'elle n'est pas consciente de la présence de son père, caché derrière un rideau. En revanche, les autres personnages, Arthur et sa mère, n'en savent pas autant.

Du coup, l'album révèle sa parenté avec **le théâtre** et place le lecteur en position de spectateur. Dans *Gare à toi, souris !*, le chien-narrateur avertit constamment la souris héroïne – qui ne l'entend pas ou n'en tient pas compte –, comme au guignol : *« Méfie-toi, souris ! », « Gare à toi, souris ! »...*

Dans *Le Temps d'une lessive*, les pages de garde présentent les divers personnages, sans distinguer ceux qui appartiennent au réel et ceux qui sont imaginaires, tout comme au début d'une pièce de théâtre éditée. Et, comme au théâtre, le texte est composé uniquement de dialogues.

Quant à *Prince Arthur et princesse Leïla*, c'est un album organisé comme une pièce de théâtre, et il est facile d'identifier les scènes successives.

Lorsque l'organisation du récit aboutit ainsi à ce que le lecteur en sache plus que certains personnages, on dit aussi que le narrateur adopte une position complice du lecteur.

2. Un personnage animal très anthropomorphe : l'ours

Situation

L'ours, entre mythe et réalité, hante la mémoire des hommes depuis la nuit des temps. On retrouve ses traces liées à celles des divinités grecques. La légende raconte que Zeus séduisit la nymphe Callisto. Pour se venger, Héra, l'épouse trompée, changea cette dernière en ourse et incita le fils de Callisto à tuer cette ourse au cours d'une chasse. Pour empêcher cette tragédie, Zeus transforma le fils et sa mère en deux constellations: la Grande Ourse et la Petite Ourse.

•• Un animal très anthropomorphe

L'ours ressemble à l'homme. Il se tient debout, il est omnivore, et l'ourse allaite ses oursons dans la même position que la femme. Beaucoup de populations donnent à cet animal des sobriquets à consonance humaine. Les Lapons le nomment «le vieil homme en manteau de fourrure» ; dans les Pyrénées on l'appelle *pedescaous*, le va-nu-pieds. Dans ces conditions, on ne s'étonnera pas que dans l'imaginaire collectif ait pu naître la légende de *Jean de l'ours*, qu'on retrouve dans de nombreuses cultures.

Jean de l'ours serait né de l'union d'un ours et d'une jeune fille enlevée par l'animal. Doté de la force d'un ours et de l'intelligence humaine, Jean de l'ours conquiert le monde et fait fortune. À l'inverse, chez les Tsiganes, une légende raconte qu'une jeune fille mit au monde un ourson et que sa tribu accepta de l'élever.

Pour que pareilles légendes aient pu naître, il faut que l'ours, dans l'imagination populaire, soit fortement assimilé à un être humain. Frank Tashlin, dans un album[2], s'appuie avec humour sur cette assimilation, d'une autre façon que dans les légendes évoquées: pendant qu'un ours hiberne, on construit une énorme usine au-dessus de sa caverne. Au printemps, l'ours se réveille et se retrouve au milieu de cette usine. C'est alors qu'un contremaître l'aperçoit et lui enjoint de retourner travailler. L'ours objecte: « *Mais je suis un ours.* » En vain, car le contremaître répond que ce n'est pas un ours, mais «*un imbécile qui a besoin de se raser et qui porte un manteau de fourrure*». La même scène se reproduit à chaque échelon hiérarchique et l'ours, convaincu de n'en être pas un, se met à travailler à la chaîne.

2. *Mais je suis un ours!*

● ● L'ours devient nounours

Nous sortons à présent de la légende, car la naissance des nounours en peluche découle d'un fait historique. En 1903, le président des États-Unis, Théodore (Teddy, affectueusement) Roosevelt revint bredouille d'une chasse à l'ours. Ses hôtes amenèrent alors un ourson et proposèrent au président de le tuer, afin d'inscrire au moins un ours à son tableau de chasse. Théodore Roosevelt s'en émut et déclara: «Si je tue ce petit ourson, je ne pourrai plus regarder mes enfants en face», et fit libérer l'animal. Un caricaturiste croqua la scène, l'histoire fut rapportée dans la presse et bouleversa l'Amérique. Deux boutiquiers, immigrés de Russie, Rose et Morris Mitchom, immortalisèrent cette histoire en créant un ours en peluche qu'ils baptisèrent Teddy Bear. Et, comme on le sait, l'ours en peluche conquit toute la planète.

Dès lors, la légende de l'ours change de nature ou plutôt de classe d'âge. Le nounours, tout aussi anthropomorphe que son prédécesseur légendaire, est un enfant, compagnon des bébés dès leur plus jeune âge, objet transitionnel par excellence entre le monde imaginé et le monde réel. Et même quand les albums d'aujourd'hui mettent en scène des ours adultes, ils ressemblent à de gros nounours.

Le dilemme de l'animal anthropomorphe, que l'on trouve mis en scène dans de très nombreux albums, dépend de sa double nature: va-t-il agir sous l'influence de sa nature animale ou de sa nature humaine? Un célèbre album de Marie Colmont, publié pour la première fois au Père Castor en 1941, avec des dessins de Rojankovsky, montre bien ce dilemme. Il s'agit de *Michka*[3]. L'histoire est connue: Michka, un ours en peluche, quitte la maison dans laquelle vit sa jeune maîtresse Élisabeth, qui est «*une petite fille impérieuse et maussade*». Il découvre avec plaisir sa nature d'ours, dans la forêt. Mais ça ne lui suffit pas, et sa nature humaine reprend le dessus car il repart, «*cherchant une bonne action à faire*». C'est alors que Michka rencontre le Père Noël, et l'aide à faire sa tournée. Mais quand le traîneau arrive à la dernière maison, une misérable cabane abritant un enfant malade, il n'y a plus de jouet. Alors Michka se dévoue, accepte de redevenir jouet, de renoncer à sa liberté d'ours.

3. On remarquera que le nom du héros paraît dérivé de celui des inventeurs du nounours, tout comme celui de Mitch (voir ci-dessous).

Exemples

•• Suivez le guide

Un drôle d'ours est passé par ici
de Christiane Pieper
© Milan, 1998.

PRÉSENTATION DE L'ALBUM

Une petite fille rencontre un ours et décide de l'imiter. Ainsi commence un jeu qui se poursuit à travers plusieurs continents avant de revenir au début, puisque les derniers mots de cet album en boucle sont les mêmes que ceux cités ci-dessus. Un jeu de miroir dont le meneur est ce drôle d'ours.

Les images révèlent où l'ours trouve son inspiration : en regardant autour de lui. Chaque animal rencontré lui suggère un déplacement. Par exemple :

– Le crabe : trois pas en arrière.

– Les jeunes cabris qui font les fous, cabriolent : trois brins de folie.

– Les hérissons se mettent en boule et tout roule sur la page, y compris l'ours et Joséphine.

– Les cambrioleurs représentés marchent sur la pointe des pieds, suivis par les policiers, et par nos héros.

Jusqu'au moment où, suivant l'exemple d'un mille-pattes, le déplacement proposé, interrogativement, est : « *Sur cinq pattes ?* ». Impossible, naturellement. C'est alors que le texte précise : « *Essaie encore...* », avant de reprendre au début.

On voit ici apparaître la **dimension philosophique** de l'album. Joséphine choisit l'ours comme guide : apparemment ce n'est qu'un jeu ; cependant, l'ours fait ressentir à la fillette l'altérité des animaux et personnages rencontrés en les lui faisant imiter. Une démarche initiatique, par conséquent, qui s'accompagne d'un garde-fou : quand on échoue, on peut toujours recommencer au début.

Les illustrations invitent aussi le lecteur à un autre jeu. En effet, certains éléments des images servent de passeurs ou d'annonciateurs de la page suivante. Ainsi, le canard de la page « *trois pas en avant* » est présent à la page suivante, faisant le fou avec l'ours, tandis qu'un chien agit pareillement avec Joséphine. Ce même chien participe à la roulade générale qui suit, tandis que la lune, qui roule également, observe nos héros à la page des cambrioleurs. Et ainsi de suite, les autres **éléments passeurs** étant les policiers, le caméléon, un kangourou, les chauves-souris, le collier, les flamants roses, les vautours, les cyclistes, le mille-pattes.

PISTES D'EXPLOITATION

• Repérer les modèles de l'ours

Comme première activité, on peut proposer aux enfants d'entrer effectivement dans le jeu en imitant l'ours à leur tour. Puis on reprend cette activité en proposant chaque fois l'animal ou le personnage imité par l'ours et la fillette, afin que les enfants perçoivent le lien avec le type de déplacement.

• Repérer les « éléments passeurs »

On fait rechercher par les élèves les « éléments passeurs », énumérés ci-dessus, qui relient toutes les images entre elles et créent ainsi une cohérence narrative.

• La symbolique de l'album

Les élèves sont amenés à débattre sur ce que peut signifier l'expression « *Essaie encore* », dans l'album. Qui parle ? À qui ? Pourquoi ce texte figure-t-il ici ? Il est probable que certains élèves évoquent les jeux électroniques (« *game over* »), ce qui permet d'aborder la notion de parcours initiatique, la symbolique du livre.

• • Un jouet doublement animé

Mitch
de Grégoire Solotareff et Nadja
© l'École des loisirs, 2001.

PRÉSENTATION DE L'ALBUM

Barnabé cherche partout son ours en peluche, Mitch. Il l'a oublié dans la voiture de son oncle. Irrité, Barnabé menace Mitch de « *trois fessées* », et claque dans ses mains pour en imiter le bruit. Par cette triple frappe, Barnabé, sans le savoir, donne vie à la peluche. Mitch s'échappe de l'auto et décide de tout faire pour retrouver Barnabé.

Un lutin, qui règne en seigneur dans une forêt où il retient prisonnier toutes sortes de jouets, se demande qui connaît le secret pour donner vie aux jouets. Ce lutin, que le narrateur qualifie de «*méchant*», est un personnage suffisant, autoritaire et stupide. Il parle sans cesse de son secret, mais le révèle lui-même au cours du récit: «*Il suffirait que je claque trois fois des mains et à nouveau tu ne serais plus qu'une vieille peluche!*»

À la fin, Mitch s'échappe, rejoint Barnabé, et lui révèle le secret du lutin: Barnabé doit frapper trois fois dans ses mains pour sauver son ours...

Au début, le lecteur se demande si Mitch est un personnage vivant. Parce que Barnabé s'adresse à Mitch (qu'on ne voit pas) comme à une personne, en le menaçant de trois fessées s'il n'apparaît pas. Mais Barnabé n'est pas dupe puisqu'il se dit: «*Ah! Si les jouets pouvaient parler [...] Mitch m'appellerait sûrement, de là où il est.*» On comprend alors que Mitch est un **objet transitionnel** pour Barnabé.

La difficulté de cet album, c'est qu'un effet magique qui donne réellement vie au jouet se surajoute à la relation transitionnelle entre le nounours et l'enfant. Toute l'histoire du lutin et de son secret est destinée à accréditer cette magie.

Or, devenu *vivant*, Mitch n'a qu'une idée en tête: retrouver Barnabé. Il n'a pas le désir de jouir de sa liberté. En fait, il se comporte comme un enfant désireux de retrouver son père. Et Barnabé joue effectivement un rôle paternel: il menace Mitch d'une fessée, mais il le serre dans ses bras quand il le retrouve. On peut dire que, contrairement à Michka, Mitch assume sa nature de jouet. Il ne se comporte jamais comme un ours.

PISTES D'EXPLOITATION

• Reconstituer le récit

Après avoir fait découvrir le livre aux enfants, on commence par leur en faire reconstituer l'histoire, épisode par épisode. Ils doivent comprendre que le secret du lutin a été découvert involontairement par Barnabé, secret qui n'est révélé à ce dernier qu'à la fin, par Mitch. C'est la seule difficulté du récit.

• L'ours, objet transitionnel

On relit les phrases du début, où Barnabé s'adresse directement à Mitch et on demande aux enfants si, à ce moment-là, l'ours est animé. Par référence à leurs propres jeux, et à leurs jouets, et en remarquant la phrase qui prouve que Barnabé n'est pas dupe, ils sont conduits à trouver la réponse. On leur fait remarquer que, cependant, dans les images, Mitch est toujours *vivant*, puisqu'on ne le découvre, dans l'auto, que lorsque la magie a opéré. Il n'y a qu'une seule image où Mitch redevient un jouet inerte: à la fin, quand le lutin poursuivant Mitch frappe trois fois dans ses mains; on voit alors Barnabé traîner son ours par une patte. Mais dès la page suivante, comme à son tour Barnabé tape dans ses mains, Mitch reprend vie.

● Les effets de la magie

On demande aux enfants de montrer toutes les images où Mitch apparaît vivant sous l'effet de la magie. Puis on s'intéresse aux pages qui montrent les autres jouets vivants, dans la forêt. On interroge les élèves. Pourquoi sont-ils vivants eux aussi? Le lutin lui-même s'interroge: «*Qui vous a libérés?*». La réponse, c'est évidemment que le triple claquement de mains de Barnabé, au début, a agi non seulement sur Mitch, mais également sur tous les jouets qui l'ont entendu. Se pose alors une nouvelle question: pourquoi tous ces jouets, devenus vivants, ne s'enfuient-ils pas, pour échapper au méchant lutin? La réponse à cette question introduit la troisième problématique: parce que ces jouets, contrairement à Mitch, n'appartiennent à personne. Ils n'ont donc nulle part où aller.

● ● La vie secrète des jouets

Secrets d'ours
de Charlotte Dematons,
trad. Solange Rimbaud,
© Grasset-Jeunesse, 2001.

PRÉSENTATION DE L'ALBUM

Dans un magasin de jouets, tôt le matin (la pendule marque 6 h), tous les ours en peluche dorment (ils ont les yeux fermés), sauf Petit Ours. Il figure au centre de la double page, seul dans une case des étagères du magasin. Ses yeux sont ouverts et il semble inquiet. Son regard fixe celui du lecteur.

Les jouets se réveillent et s'affairent car c'est le jour de la lessive, sauf Petit Ours, immobile et silencieux. La place de Petit Ours au centre des doubles pages est omniprésente dans l'album. Elle est accentuée par un effet de zoom qui se focalise sur lui. Ce zoom avant permet au lecteur de saisir le contraste entre la solitude de Petit Ours et l'agitation des autres peluches, et de mesurer son désarroi.

Cet effet de zoom correspond au premier épisode de l'histoire (jusqu'à ce qu'un réveil indique 7 h): les autres peluches interpellent le héros et font des hypothèses: «*Tu es muet?*», «*Il a peut-être froid*», etc. Trois gros ours bruns s'interposent alors, en les sommant de le laisser tranquille. Dès lors, Petit Ours n'est plus face au lecteur, dans sa case, mais de dos.

Commence alors la seconde partie de l'album. Un autre ours nommé Philly intervient, il semble avoir compris le problème de Petit Ours: l'angoisse d'être acheté par des enfants. Dans cette partie, les deux ours sont en gros plan, sans décor. Philly, qui porte le pull rouge de Petit Ours, lui décrit les mœurs des enfants: «*Ils te serrent très fort, ils crient [...], ils veulent t'emmener dans leur lit [...] et même... au petit coin*». Quand Philly demande à Petit Ours s'il a déjà vu des enfants, pour la première fois ce dernier prend la parole en répondant par l'affirmative, et que c'est justement ce qui lui fait peur.

Cet épisode s'achève par une sorte de suspense en image: de nouveau, on voit de nombreuses peluches tournées vers le lecteur, l'air inquiet. Que se passe-t-il hors champ? Le texte de la dernière page le révèle: le magasin a ouvert ses portes. Dans l'image, le réveil indique 9 h. Tous les ours ont regagné leur case et ont l'apparence de jouets. Seul Philly a changé de case: il est avec Petit Ours, ils sont serrés l'un contre l'autre.

PISTES D'EXPLOITATION

• Un personnage décalé

En premier lieu, il s'agit de faire prendre conscience aux enfants de l'univers fictionnel de l'album, à partir de la première double page. On leur demande: «Est-ce que les peluches dorment?». Peut-être que, dès cette première question, un débat s'instaurera sur les jouets en tant qu'objets transitionnels, c'est-à-dire *vivants* par la volonté des enfants, par comparaison avec l'album étudié précédemment.

À partir de la même double page, on fait exprimer l'horizon d'attente des enfants en leur demandant d'observer Petit Ours, en leur montrant aussi l'image de la page de titre, et en les questionnant sur les raisons supposées de l'attitude du héros. Après quoi, on avance dans l'album, jusqu'aux hypothèses émises par les autres peluches: le froid, la faim, et enfin la peur, subodorée seulement par Philly.

• La structure du récit

À partir des heures, lisibles trois fois sur un réveil, et des changements de focalisation sur les personnages (groupe d'ours ou Petit Ours et Philly seuls), on fait repérer les différentes parties de l'histoire: la situation initiale, le questionnement de Petit Ours par les autres, la conversation entre Petit Ours et Philly, la situation finale.

En particulier, on fait comparer la première et la dernière double page, globalement similaires, sauf que c'est la nuit au début, le jour à la fin. La plupart des ours sont dans leur case, sauf Philly qu'on peut identifier au début dans la case du haut, puisqu'il révèle à un moment qu'il se met tout en haut, où aucun enfant ne le voit. Mais on constate maints changements, dans la position des ours et dans leurs vêtements. Autant de détails qui montrent qu'il s'est passé quelque chose : la lessive, sans doute, qui pourrait bien être un des secrets des ours !

• Interpréter les secrets

Pour terminer, on fait travailler les enfants sur l'interprétation, en leur demandant d'expliciter le mot du titre : « secrets », au pluriel. Il y a des secrets exaltants et des secrets difficiles à vivre, ou lourds à porter. Un échange collectif a lieu.

Bien des interprétations sont possibles. S'agit-il de la vie secrète des jouets, la nuit, si bien organisée qu'il y a même un jour de lessive ? S'agit-il des secrets que se confient Petit Ours et Philly ? Les secrets concernent-ils surtout le monde des humains, en particulier les enfants ? On peut même imaginer que Petit Ours a des secrets qu'il ne livre pas, mais qui expliquent pourquoi il a peur des enfants.

Suite à ce questionnement, on demande aux élèves d'imaginer la suite, puisque la fin ouverte s'y prête. Dans un sens, cet album prolonge *Mitch*. Les jouets de *Secrets d'ours* n'appartiennent encore à aucun enfant, comme ceux que retient le lutin. En revanche, Mitch, fidèle à Barnabé, n'a peur de rien.

• • Approche transversale des trois albums

Il est intéressant de faire explorer aux élèves la notion de **jeu** dans les trois albums.

Dans *Un drôle d'ours est passé par ici*, la fillette joue à imiter l'ours, qui devient ainsi son guide, son initiateur, en lui proposant sa propre démarche.

Dans *Mitch*, il s'agit du jeu de « faire semblant », pratiqué par tous les enfants avec leurs jouets. Il n'intervient qu'au début, quand Barnabé cherche son nounours et le réprimande comme le ferait un parent. Or, c'est en imitant les adultes que les enfants agissent ainsi, une façon de s'initier aux comportements sociaux.

Secrets d'ours offre en quelque sorte le contrepoint de *Mitch.* Il s'agit toujours du jeu de « faire semblant », mais vu par le jouet cette fois. C'est Philly qui évoque les enfants, il ne parle pas de « jeu », mais on peut le déduire du comportement possessif qu'il décrit.

3. Jeux de narrateurs

Situation

Même si le lecteur s'intéresse prioritairement aux personnages d'un livre, c'est le narrateur qui raconte l'histoire. Pour les albums, comme il y a un narrateur textuel et un narrateur imagier, chacun s'adresse au lecteur simultanément.

La type de narrateur le plus classique raconte l'histoire à la troisième personne. Il est omniscient et accède donc aux émotions internes des personnages. Souvent, il reste en coulisses, se contentant de gérer le récit auquel il ne participe pas. Ce narrateur lointain convient mal à la littérature de jeunesse, si bien que lorsqu'il raconte l'histoire à la troisième personne, il se focalise souvent sur un personnage, comme pour se rapprocher du lecteur. Ou bien le narrateur est carrément l'un des personnages de l'histoire (témoin ou héros).

Dans les albums, fréquemment, l'un des narrateurs s'adresse directement au lecteur. Nous avons vu dans *Toi grand et moi petit* que le narrateur imagier, dans les premières pages, paraît présenter les personnages au lecteur. Le narrateur textuel est plus direct. Par exemple, dès la page de garde de *Lulu Grenadine, L'histoire de ma vie*, de Laurence Gillot et Lucie Durbiano, l'héroïne interpelle le lecteur: «*Coucou! Tu veux voir mon album?*». Il s'agit d'un album de photos fictionnel. Il arrive même qu'un livre donne directement la parole au lecteur: dans *Les kangourous ont-ils une maman?*, d'Eric Carle, le texte est supposé être un dialogue entre le narrateur et le lecteur. Le narrateur dit: «*Oui! Les kangourous ont une maman, comme toi*». Et le lecteur supposé demande alors: «*Ah! Et les LIONS, ils ont aussi une maman?*»

Dans les albums, le jeu avec les narrateurs peut même aller plus loin, parce que le narrateur imagier et le narrateur textuel dialoguent ensemble en même temps qu'avec le lecteur. Aussi avons-nous choisi trois albums illustrant trois types de jeux narratifs.

Exemples

● ● Un narrateur qui délègue

Le Meilleur Ami de Tom
de Colette Hellings,
ill. Marie-Aline Bawin
© Mango éditions, 2001.

PRÉSENTATION DE L'ALBUM

Les personnages de cet album sont des lapins, mais totalement humanisés. Tom, le jeune narrateur, est invité à passer la soirée et la nuit chez Désiré, dont la famille est africaine. Tom va découvrir la cuisine africaine, les instruments de musique africains, un masque, une collection d'animaux d'Afrique… À la fin, le père de Désiré raconte l'histoire du soir puis vient consoler Tom, la nuit, quand il se met à pleurer. Pour conclure, «*le papa*» prend les deux enfants dans ses bras, et tente de rassurer Tom en disant que même si c'est différent de chez lui, le ciel, lui, est toujours pareil, et «*la lune, elle brille pour tout le monde*».

D'une façon générale, un narrateur-personnage ne peut parler que de ce qu'il connaît; or, justement, Tom est plongé dans un environnement qu'il ignore. Alors tout se passe comme s'il déléguait aux personnages qui savent, Désiré et sa mère, la tâche de décrire, au cours de dialogues, les choses inconnues. Ainsi, captant son regard interrogateur ou répondant à ses questions, ils lui expliquent ce que sont les calebasses, les tams-tams, les djembés…

PISTES D'EXPLOITATION

● Les limites du narrateur-personnage

On fait relever par les élèves tous les mots africains: «*balafon*», «*lingala*», «*chikwangue*», etc. et on leur demande qui les prononce. Ils constatent que ces mots figurent dans ce que disent Désiré ou sa mère, jamais Tom. On leur explique ainsi que Tom ne peut pas les dire puisqu'il les ignore, alors que c'est lui qui raconte l'histoire.

On leur fait remarquer que le seul instrument de musique que Tom désigne spontanément par son nom, les «*maracas*», n'est pas un instrument africain. Et que ne sachant pas comment nommer «*la chikwangue*», autrement dit «*la pâte de manioc*», il parle d'une «*pâte qui a un drôle de goût*».

Une organisation didactique du récit

L'album étant centré sur le thème de la différence, il paraît construit sur une succession de scènes passant en revue divers aspects de l'africanité. Du coup, les transitions sont seulement annoncées par le narrateur textuel. Par exemple, au début, Tom est accueilli dans l'entrée. La deuxième image représente Tom et Désiré dans la chambre de ce dernier. Le texte précise: «*Désiré m'emmène dans sa chambre*», mais le narrateur imagier ne représente pas le déplacement, seulement l'aboutissement. Ensuite, le texte dit: «*Sa maman nous appelle*», et les images représentent les personnages dans la cuisine, sans transition. Puis, sur le même modèle: «*Désiré m'appelle*» (dans la pièce aux instruments de musique), «*nous entendons un bruit*» (le père qui rentre), «*Cela sent bon dans la maison*» (repas dans la cuisine), enfin «*Il est temps d'aller se coucher*» (chambre de Désiré).

On fait relever ces transitions par les élèves afin qu'ils remarquent le procédé, et on en débat. C'est une façon d'éliminer les passages de l'histoire (les déplacements des personnages) qui retarderaient les focalisations sur l'africanité. Il revient au lecteur de compléter.

Un narrateur imagier facétieux

D'une façon générale, les images contribuent au jeu de l'africanité. Il est donc intéressant de faire relever par les élèves tous les éléments qui figurent dans les images mais non dans le texte: robe de la mère, tenue de nuit du père, éléphant en peluche, girafe porte-clé, dessin de lion au mur...

Cependant, sur la couverture, qui reproduit une scène du livre, on remarque un clin d'œil facétieux du narrateur imagier rappelant la vraie nature des personnages: la représentation de carottes sur le rouleau d'essuie-tout et la brique de boisson posée sur la table. Les lapins africains sont-ils différents des lapins européens?

●● Un narrateur textuel discret, un narrateur imagier expansif

Salomé veut une histoire
de Christine Naumann-Villemin,
ill. Marianne Barcilon
© Kaléidoscope, 2005.

PRÉSENTATION DE L'ALBUM

La couverture représente une fillette en chemise de nuit, assise en tailleur, entre deux énormes piles de livres. L'expression de son visage (regard orienté vers le haut, sourcils relevés, sourire à la fois ironique et séducteur) suggère qu'elle est dans une relation de défi ludique avec quelqu'un. Au-dessus de sa tête, le titre paraît coincé entre les deux piles de livres. Dès qu'on ouvre l'album, ce même titre se prolonge et devient: «*Salomé veut une histoire... rien que pour elle,* [...] *inventée par sa maman* [...]», ce qui donne le ton du récit. Et si l'on regarde la quatrième de couverture, on y voit un ours dessiné par des étoiles.

C'est l'heure du coucher pour Salomé. Le texte commence par : « *Maman referme le livre.* » C'est le second qu'elle lit. Mais Salomé veut encore une histoire, «*sans livre*». La mère est réticente, elle dit qu'elle ne sait pas faire. Salomé affirme le contraire. La mère résiste: il est trop tard, alors Salomé aura du mal à se réveiller le lendemain, elle arrivera en retard à l'école, et sa maîtresse sera fâchée. Salomé est ravie car c'est justement cette histoire-là qu'elle veut.

Le dialogue se poursuit entre la mère et la fille, de telle sorte que l'histoire se construit en commun, au début: la maîtresse de Salomé irait au zoo, pour se calmer, donnerait une gaufre à un ours. Et alors, la mère se laisse aller et raconte seule une histoire délirante: l'ours vient frapper à la porte de la maîtresse, la prend dans ses bras, lui demande d'être son amoureuse, ils se marient, etc. Chaque fois que Salomé veut interrompre l'histoire, la mère répond: «*Attends*», et repart de plus belle. À l'avant-dernière page, pour la première fois, la mère est représentée seule à l'image, en train de danser, riant et louchant à la fois, en plein délire, sur le mode comique. Finalement, Salomé annonce qu'elle va dormir. Elle remercie sa mère, mais précise que, le lendemain, elle préfère la lecture d'un livre.

Dans cet album, le narrateur textuel reste très discret, se contentant de jouer le régisseur du récit: «*s'écrie Salomé*», «*dit Maman*», «*affirme Salomé*», etc. Il laisse surtout la place au dialogue entre les personnages, comme s'il s'agissait d'une **pièce de théâtre.** En revanche, le narrateur imagier prend en charge l'essentiel de la relation entre les deux personnages. Dès la première double page, le grand sourire de séduction de Salomé est explicite, alors que sa mère, hors champ, est déjà repartie. Ensuite, Salomé reste séductrice tandis que sa mère affiche une expression dubitative, puis amusée. Alors le narrateur imagier choisit d'illustrer l'histoire de l'ours et de la maîtresse d'école pendant six doubles pages. Et quand il revient à la mère, c'est pour la présenter en train de danser. À la fin, c'est Salomé qui affiche une expression dubitative.

Afin que les élèves comprennent bien la notion de **narrateur délégué** qui raconte une histoire dans l'histoire, nous proposons d'abord une activité sur l'horizon d'attente, et une autre sur les relations entre les personnages.

PISTES D'EXPLOITATION

• Solliciter l'horizon d'attente

Avant de faire découvrir l'album aux élèves, on leur demande de commenter la couverture, pour se faire une idée du contenu du livre. Il est probable qu'ils infèrent de l'image et du titre qu'il s'agit d'une histoire qu'on raconte le soir, qu'un autre personnage, hors champ, est concerné, et qu'ils s'interrogent sur les piles de livres, en proposant des interprétations.

On leur montre alors la quatrième de couverture. Si le personnage de l'ours a déjà été exploré, ils reconnaîtront une allusion au mythe de Callisto, et en mettant en relation la couverture et la quatrième, ils pourront supposer que l'histoire du soir a quelque chose à voir avec un ours.

• Les relations entre les personnages

Avant de connaître l'album, les enfants découvrent les images du début (avant que le narrateur imagier prenne le parti d'illustrer l'histoire racontée par la mère), et les deux dernières images de l'album. On leur demande ce qui se passe entre la mère et la fille, à leur avis. Ils doivent percevoir l'attitude de séduction de Salomé, et le changement progressif de la mère. Alors seulement, on leur fait découvrir tout le livre, afin qu'ils vérifient leurs hypothèses.

• Un narrateur délégué

On l'a vu, le narrateur textuel, d'abord discret, laisse surtout les personnages s'exprimer, et, finalement, la mère prend en charge, seule, la narration de l'histoire dans l'histoire. Le narrateur imagier fait de même puisque, dans la première image où l'on voit l'institutrice au zoo, la mère est représentée, comme si elle prenait le relais de la narration; après quoi seule l'histoire dans l'histoire est narrée par les images.

Dans cette activité, on demande aux élèves qui raconte l'histoire, afin qu'ils distinguent le narrateur textuel, qui gère discrètement l'histoire entre la mère et la fille, et le narrateur délégué, la mère, qui raconte l'histoire de l'institutrice.

●● Un narrateur-personnage caché

La Petite Souris, la fraise bien mûre et l'ours affamé
d'Audrey Wood, ill. Don Wood
© Mijade, 2000.

PRÉSENTATION DE L'ALBUM

Une souris a trouvé une grosse fraise. La voix d'un personnage hors champ l'interpelle, et l'avertit qu'un gros ours affamé, qui adore les fraises bien mûres, rôde. La souris tente de cacher sa fraise, de l'enchaîner, de la déguiser, mais la voix l'avertit que ça ne sert à rien. Finalement, le mystérieux narrateur-personnage propose à la souris, comme seul moyen de sauver sa fraise, de lui en donner la moitié.

La souris est le seul personnage représenté, et elle ne s'exprime jamais, sinon par ses expressions et comportements. Les seuls textes sont les adresses à la souris, et on ne voit jamais dans les images celui qui les prononce. Qui est-il ? S'agit-il du lecteur qui joue à effrayer la souris pour partager virtuellement la fraise ? S'agit-il de l'ours lui-même, qui menace donc directement la souris tout en parlant de lui, ironiquement, à la troisième personne ? Ou bien d'un autre personnage frugivore ? Rien ne permet de trancher.

PISTES D'EXPLOITATION

● Qui est le narrateur ?

Ici, on fait découvrir chaque double page aux élèves en leur demandant, chaque fois, qui parle à la souris. Par exemple :
– Première double page : celui qui parle est hors champ. S'agit-il d'un prédateur ou non ? La souris a l'air intriguée, mais non inquiète. Pourtant, la question « *[...]*

Où vas-tu?» peut rappeler la rencontre entre le loup et le Petit Chaperon rouge.
– Deuxième double page: la souris sourit fièrement d'avoir trouvé cette fraise. Preuve que son interlocuteur n'est pas dangereux pour elle.
– Troisième double page: le narrateur-personnage caché évoque pour la première fois le «*gros ours affamé*». La souris paraît surprise et effrayée à la fois. Est-ce parce que c'est un ours qui lui parle?
– Etc.

Les enfants formulent des hypothèses sur l'identité du narrateur-personnage.

• Le personnage en sait plus que le lecteur

Si le lecteur ne peut identifier le narrateur-personnage, la souris le voit, elle. Comme elle ne s'exprime jamais, que peut-elle penser? Cette activité consiste donc à reprendre la lecture de l'album, page à page, en demandant aux élèves ce que pense ou ressent la souris, selon le personnage qu'elle a en face d'elle: l'ours, le lecteur ou un autre personnage.

• Un narrateur manipulateur

Quel que soit l'interlocuteur de la souris, son dessein est explicite: se faire donner la moitié de la fraise. Il y parvient par la ruse, en affolant la souris, puis en déniant toute efficacité aux astuces qu'elle invente, enfin en lui proposant une solution *équitable* quand elle n'est plus en mesure de réfléchir.

On demande aux élèves de reconstituer cette forme de manipulation, puis on leur pose cette question: pourquoi le mystérieux personnage emploie-t-il la ruse et non la force? Ce qui permet de reprendre le débat sur la nature de ce dernier.

• • Approche transversale des trois albums

Dans *La Petite Souris, la fraise bien mûre et l'ours affamé*, il est clair que le narrateur manipule le personnage pour parvenir à ses fins. Est-ce que dans les deux autres albums les élèves peuvent trouver un phénomène similaire?

Dans *Salomé veut une histoire*, c'est Salomé qui joue ce rôle vis-à-vis de sa mère, tant par ses paroles que par ses mimiques, la poussant à inventer une histoire de son cru. Sauf que sa mère, se faisant narratrice de l'histoire dans l'histoire, va au-delà de ce que souhaitait Salomé.

Dans *Le Meilleur Ami de Tom*, on l'a vu, le narrateur délègue aux personnages le soin de parler de l'Afrique, dont il ignore tout. Il ne s'agit pas à proprement parler d'une manipulation, mais cela ressemble quand même, sur le mode didactique, à la façon dont Salomé agit avec sa mère.

4. Le temps dans le récit

Situation

Dans les récits fictionnels, l'un des rôles principaux du narrateur est la gestion du temps. C'est le narrateur qui :
– décide à quel moment il se place pour raconter l'histoire (au moment où elle se déroule, juste après, ou longtemps après) ;
– choisit les moments du récit qu'il raconte, et leur durée, laissant les autres dans l'ombre ;
– indique au lecteur quand il change de moment.

Si l'on s'en tient uniquement au texte, on retrouve ces différents aspects du temps dans la plupart des albums. Prenons pour exemple celui d'Anthony Browne : *Dans la forêt profonde* (Kaléidoscope, 2004).

Le texte de cet album commence par : « *Une nuit, j'ai été réveillé par un bruit épouvantable* ». Le narrateur se place donc après le moment de l'histoire, d'où l'utilisation du passé.

Ensuite, le narrateur textuel gère le temps en indiquant au lecteur : « *Le lendemain matin [...]* », « *Le jour qui suivit [...]* »...

On constate également que le deuxième épisode du récit, le lendemain matin, est fort bref, tandis que le suivant, rebondissant avec la formule « *Mais ce jour-là [...]* », occupe tout le reste de l'album. Cependant, à l'intérieur de ce long épisode, le narrateur du texte continue à gérer le temps en utilisant des formulations comme « *bientôt* », « *de plus en plus sombre* »...

Dans certains albums, la gestion du temps est ostensible. On ne peut s'empêcher de penser que le projet des auteurs est quelque peu didactique : apprendre aux enfants à gérer l'heure, les jours de la semaine ou les mois du calendrier. Par exemple, dans l'album de Geneviève Casterman *La Saison des Plumes*, qui raconte plusieurs histoires successives, l'une d'elles, intitulée « La Nouvelle École », énumère les activités effectuées en classe, heure par heure. Ce qui n'empêche nullement les deux jeunes héros, et c'est tout l'humour de la situation, de répondre en chœur « *Rrrrien !* » quand leurs parents leur demandent ce qu'ils ont fait à l'école.

Cependant, la gestion du temps, dans les albums, est souvent différente de ce qui se passe dans les romans ou les nouvelles, parce que la narration est double : le narrateur textuel et le narrateur imagier gèrent tous deux le temps, et c'est au lecteur de conjuguer les deux.

Les exemples que nous allons proposer ci-dessous permettent justement de travailler sur certains aspects de la double narration qui concernent le temps.

Exemples

•• Du temps comprimé

Petit Dragon
de Lieve Baeten,
trad. Laurence Bourguignon
et Diane Meirlaen
© Mijade, 2004.

PRÉSENTATION DE L'ALBUM

L'histoire est focalisée sur une famille de dragons. Petit Dragon a grandi, il «*sait déjà voler et cracher du feu*», et maintenant il veut «*faire peur*». Afin de passer à la pratique, Maman Dragon va au village, par les airs, pour capturer un petit garçon. Or, cet enfant n'est absolument pas terrorisé par ce qui lui arrive, et pas davantage par toutes les tentatives de Petit Dragon pour lui faire peur. Au contraire, il sourit. Alors le petit garçon prend l'initiative et, par un dessin, fait comprendre à Petit Dragon qu'il veut monter sur son dos. Dès lors, les deux enfants, de sociétés si différentes, deviennent amis et, à la fin, Petit Dragon reconduit Bruno, le petit garçon, dans sa maison.

La question de fond qui se pose tout au long de l'album est donc celle-ci : pourquoi Bruno n'a-t-il pas peur des dragons ? La réponse ne se trouve pas dans le texte mais dans la dernière image en double page de l'album. Elle représente la chambre de Bruno, et l'on constate que les dragons sont la passion de cet enfant : nombreux dessins de dragons aux murs, déguisement de dragon, lampe dragon, dragons peluches ou jouets, dragon en Lego, etc.

On peut comprendre alors que Bruno vit depuis longtemps déjà parmi les dragons, ce qui explique pourquoi il n'en a pas peur. Cette image révèle donc, d'une façon *comprimée*, le temps que l'enfant a déjà vécu avec les dragons, et l'on peut avoir une idée de la durée de ce temps en regardant les pages de garde qui représentent des dessins de dragons réalisés par un très jeune enfant : dans l'histoire, Bruno paraît avoir cinq ou six ans. Les dessins, dans sa chambre, correspondent à cette classe d'âge, mais ceux de la page de garde paraissent de la main d'un enfant bien plus jeune.

PISTES D'EXPLOITATION

● Les stéréotypes du dragon

Avant même de leur faire découvrir l'album, on demande aux élèves tout ce qu'ils peuvent dire sur les dragons. Après quoi, on compare les réponses aux dragons présentés dans l'album. Tous les stéréotypes sont présents : ils volent, crachent le feu, sont très grands, terrorisent les humains, etc.

● L'univers fictionnel

Cependant, l'univers fictionnel de *Petit Dragon* propose un monde peuplé de deux sociétés différentes, celle des dragons et celle des humains. On peut donc demander aux élèves de décrire ces deux sociétés, au-delà des stéréotypes, et leurs relations, à partir du texte et des images. Ils vont découvrir notamment que :

– Les dragons vivent dans un château médiéval au sommet d'une montagne, seulement accessible par les airs. Peut-être cette société est-elle une survivance du passé. En tout cas, leur inaccessibilité explique sans doute pourquoi ils sont très à l'écart des humains. Pour ces derniers, ils sont peut-être même des légendes, comme dans la réalité.

– La société des dragons présente bien des traits proches de la nôtre autrefois : trône royal, livre relié, éclairage à la bougie, etc.

– La société des humains est fort proche de la réalité contemporaine : village, maison de Bruno, linge séchant sur un fil, chambre d'enfant.

En fait, le voyage de Bruno ressemble à un voyage dans le temps.

● Expliquer le comportement de Bruno

On pose simplement cette question aux élèves : pourquoi Bruno n'a-t-il pas peur des dragons ? Et, si nécessaire, on attire leur attention sur la double page représentant sa chambre.

● ● Une saison absente

1, 2, 3... Lili
de Maïté Laboudigue
© Lo Païs/Éditions du Rocher, 2004.

PRÉSENTATION DE L'ALBUM

Au début, la jeune héroïne, Capucine, s'ennuie. Elle tente de se rappeler la suite de «*1, 2, 3... nous irons au bois*», jusqu'à ce qu'une singulière visiteuse, comme attirée par la comptine, tombe du ciel. Il s'agit de Lili, dont la robe rouge en corolle, la coiffe verte et les chaussures d'herbes tressées évoquent un coquelicot.

Scandé par la comptine, l'album se poursuit par les jeux des deux amies: cueillette de cerises, naturellement, balançoire, marelle, etc. Jusqu'au jour où, jouant à «Jacques a dit» version cache-cache, Capucine décide de compter jusqu'à treize. Or, ce nombre n'est pas innocent. En premier lieu, il a la réputation de porter malheur. En second lieu, la comptine qui accompagne toute l'histoire ne va que jusqu'à douze («*...elles seront toutes rouges*»). Au-delà, c'est l'inconnu. En l'occurrence, Lili disparaît, il ne reste plus d'elle «*qu'un pétale tout mince... 13, 14, 15*». Et, glissé dans la poche de Capucine, un sachet de graines à semer sur lequel est inscrit «*coquelicot rouge simple*», au singulier.

Comme on le constate alors, cet album évoque métaphoriquement **la mort**, avec un **espoir de retour** car il s'agit d'un végétal. Et en observant les images, on voit que le temps s'écoule, qu'on passe d'une saison à l'autre:
- Au début, l'herbe est verte, des arbres au loin sont en fleurs, c'est la fin du printemps. Et le texte indique le changement de saison, du printemps à l'été.
- Les cerises sont mûres, les coquelicots fleuris, c'est l'été.
- Dans la double plage où Capucine décide de compter jusqu'à treize, on voit des feuilles mortes volant au vent, des champignons, et un coquelicot défleuri. C'est déjà l'automne, mot n'apparaissant pas dans le texte qui dit seulement: «*L'été s'est enfui*».

Toutefois, on peut dire que cet album à dominante rouge dissimule à la fois la couleur blanche et une saison: l'hiver. En effet, en anglais, *lily* signifie «lys». Le mot «lys» vient du latin *lilium*, mot dans lequel on retrouve le prénom de la fillette coquelicot. Le lys symbolise la blancheur et évoque donc la neige, l'hiver. L'hiver, cette saison qu'un coquelicot ne connaîtra jamais, et qui est absente de l'album, sauf par cette allusion liliale.

PISTES D'EXPLOITATION

● Références

Après leur avoir fait découvrir l'album, on demande aux enfants à quoi leur fait penser le prénom de l'héroïne, et on leur montre des capucines réelles ou en images, pour leur faire découvrir que cette fleur, quand elle est rouge, a quelque parenté avec le coquelicot.

Et puisque cet album est fondé sur une comptine (« *1, 2, 3... nous irons au bois* »), on peut faire remarquer que le nom de l'héroïne rappelle une ronde enfantine (« *Dansons la capucine...* »).

Puis on leur demande à quelle fleur Lili leur fait penser.

● Le passage des saisons

En leur faisant observer le texte et les images, on demande aux élèves de délimiter les saisons, dans l'album. Ils constateront alors que l'hiver en est absent.

● La mort végétale

On initie un questionnement : pourquoi Lili disparaît-elle à la fin ? En synthétisant les diverses informations déjà trouvées, les enfants sont amenés à constater que Lili est une fleur d'été, qu'elle se fane à l'automne, et ne connaît jamais l'hiver. Mais le sachet de graines offre l'espoir d'une renaissance. On peut leur apporter des informations sur les connotations du prénom « Lili ».

Et il est probable qu'un débat sur la mort conclue ce travail. On peut alors utiliser d'autres livres sur ce thème, par exemple :

- Élisabeth Brami, *Et puis après on sera mort...*
- Pierre Coran, *La Grande Nuit d'Anne-Sophie*.
- Kitty Crowther, *La Visite de Petite Mort*.

● ● Le temps à l'envers

Qui est madame Legris ?
de David McKee,
trad. Élisabeth Duval
© Kaléidoscope, 2003.

PRÉSENTATION DE L'ALBUM

Des événements s'enchaînent, de telle sorte que chaque épisode découle du précédent, mais dans l'ordre inverse du temps chronologique. Au début, la mère de Jennifer est énervée, et cette dernière croit que c'est à cause d'elle, mais son ami Henri la détrompe, il accuse madame Legris. Naturellement, Jennifer demande : « *Qui est madame Legris ?* » Au lieu de répondre, Henri raconte un événement qui a énervé la mère de Jennifer: monsieur Mars a klaxonné au moment où elle garait sa voiture. Et Henri continue: monsieur Mars était énervé parce que sa femme l'avait traité d'idiot, cette dernière était énervée parce qu'une caissière du supermarché lui avait demandé de se dépêcher... Et ainsi de suite, jusqu'à la fin, où Henri parle enfin de madame Legris: le bruit de ses talons aiguilles a empêché monsieur William, son voisin du dessous, de s'endormir, alors qu'il travaille la nuit. L'événement le plus ancien, celui qui a provoqué cet enchaînement d'énervements, se situe donc à la fin.

Tout au long de l'album, le **suspense** est relancé par la question répétitive de Jennifer, «*Qui est madame Legris?*», et **l'humour** découle de la malice d'Henri qui, au lieu de lui répondre, raconte un nouvel épisode.

PISTES D'EXPLOITATION

• L'ordre chronologique

Avant de faire découvrir *Qui est madame Legris?* aux élèves, on leur présente un autre album: *Si...*, de Hubert Ben Kemoun et Frédéric Rébéna. Il s'agit également d'une succession d'événements découlant l'un de l'autre, mais dans l'ordre chronologique: «*Si monsieur Boniface [...] n'était pas allé à la pêche [...]*», «*Et si il n'avait pas chuté dans l'eau [...]*», etc. Avec ses vêtements abîmés, monsieur Boniface habille un épouvantail, ce qui fait fuir les merles dans le jardin voisin. Le père du narrateur grimpe alors dans le cerisier pour sauver les fruits; mais il tombe, se casse la jambe, doit être conduit à l'hôpital... Et c'est là qu'il rencontre la maman du narrateur, qui était l'infirmière.

À l'aide de la double page de vignettes qui, dans l'album, résument l'histoire, on demande aux élèves de décrire chaque événement, et d'expliquer en quoi il découle de celui qui précède.

• L'ordre inversé

On propose aux élèves le même travail de description des événements enchaînés dans *Qui est madame Legris?*, mais en reconstituant l'ordre chronologique.

• Qui sont les informateurs?

La question qu'on se pose en lisant cet album, et que l'on pose aux élèves, est: Comment Henri sait-il tout cela? En scrutant les images, qui fourmillent de détails, ils découvrent que la plupart des scènes ont eu des témoins, et le narrateur imagier s'en amuse. Par exemple, quand mademoiselle Palerme se fait griffer par son chat, deux hommes réparent son évier. La voisine de palier de monsieur William l'épie quand il bouscule Benoît dans l'escalier. Et dans la scène où Tommy poursuit le chat, il y a même quelqu'un qui les observe avec des jumelles.

Certes, on ne parvient pas pour autant à répondre précisément à la question, mais dans une ville pleine de témoins, les informations circulent vite.

● ● Approche transversale des trois albums

Les héros de ces trois albums ont en commun d'être **bien informés,** et c'est ce qui leur permet de s'insérer dans l'univers fictionnel (et temporel) où ils sont plongés. On fera comparer leurs différents savoirs aux élèves.

Dans *Qui est madame Legris ?,* Henri sait tout des événements qu'il rapporte. Or, l'univers de référence est notre propre société, où l'information, sous toutes ses formes, est privilégiée.

Dans *Petit Dragon,* Bruno connaît tout sur les dragons, par passion, avant même d'en avoir rencontré. Ce qui lui permet de s'intégrer dans leur société très particulière, quand il y est transporté.

Dans *1, 2, 3... Lili,* cet étrange personnage qu'est Lili, qui vient d'on ne sait où, a les mêmes savoirs que Capucine. Elle connaît la comptine, sait jouer à tous les jeux que pratique la fillette. C'est ce qui leur permet de communiquer au sein de cet univers bien particulier qui symbolise l'isolement des enfants uniques.

5. Un mythe de référence : le golem

Situation

Beaucoup de récits destinés aux jeunes mettent en scène un personnage modelé dans de la matière inerte, qui prend vie, et finit par échapper à son créateur. Le plus connu est sans doute Pinocchio, un pantin de bois qui s'anime soudain, sans pour autant devenir un vrai petit garçon – c'est son rêve, mais il ne se réalise qu'à la fin, après toute une série d'aventures initiatiques.

Ce type de récits s'enracine dans un mythe ancien, celui du golem, qui trouve son origine dans la culture juive. Le *Dictionnaire des symboles*[4] en donne la définition suivante :

4. De Jean Chevalier et Alain Gheerbrant.

« Le golem dans la pensée juive signifie une sorte d'homme robot. Le golem est l'homme créé par des moyens magiques ou artificiels en concurrence avec la création d'Adam par Dieu... »

Selon la tradition, celui qui voulait créer un golem pétrissait avec de l'argile rouge une silhouette à forme humaine, puis lui inscrivait sur le front le mot *emet*, ce qui en hébreu signifie « vie ». Alors le golem respirait, bougeait, devenait un esclave docile chargé de travaux pénibles. Cette créature grandissait et pouvait atteindre la taille d'un géant. Pour rendre le golem à son inertie originelle, son créateur devait effacer la première lettre du mot inscrit sur le front, de façon à obtenir *met*, qui signifie « mort » en hébreu.

Mais il arrivait que le golem échappe à son créateur. Dans ce cas, cette créature puissante mais bornée provoquait les pires catastrophes. C'est ce que raconte Singer Isaac Bashevis dans *Le Golem*[5]. Ce mythe a influencé des œuvres classiques, par exemple *Frankenstein*, de Mary Shelley. Dans ce roman, elle campe un jeune étudiant qui crée un géant à partir de morceaux de cadavres. La magie du mot sacré est remplacée par la magie scientifique de l'électricité, celle des éclairs d'orage. Mais la créature du Dr Frankenstein, découvrant sa laideur, prend peur, échappe à son créateur, et se venge.

On trouve aussi, dans les albums destinés aux jeunes enfants, des récits qui s'enracinent dans ce mythe. En particulier, le célèbre *Petit Bonhomme de pain d'épice*, dont nous proposons deux versions.

Exemples

•• Une friandise très fuyante

***Le Petit Bonhomme de pain d'épice*, un conte de la tradition raconté par Anne Fronsacq, ill. Gérard Franquin Père Castor © Flammarion, 1999.**

PRÉSENTATION DE L'ALBUM

Une *« petite vieille »* confectionne un bonhomme en pain d'épice, et le met à cuire. Elle entend frapper à la porte du four, l'ouvre. Le petit bonhomme de pain

5. Trad. Marie-Pierre Bay, Le Seuil, 1997.

d'épice lui fait un clin d'œil et s'enfuit. La petite vieille se lance à sa poursuite, puis son époux, puis le chat, et ainsi de suite. À chaque nouveau poursuivant, le fugueur lance son défi : « *Cours, cours tant que tu voudras, tu ne m'attraperas pas !* ». C'est le renard qui met un point final à cette course folle. Il propose d'aider le héros à franchir la rivière. Mais le renard s'enfonçant de plus en plus dans l'eau, le petit bonhomme de pain d'épice doit grimper sur la tête du rusé. L'eau monte encore, et le renard lui crie de sauter sur son nez. Ce que fait le petit bonhomme de pain d'épice, mais ce n'est pas sur le nez qu'il retombe... car le renard l'avale.

Les **images** de cet album prennent en charge une partie du récit. Les jeunes lecteurs doivent donc en faire une lecture fine pour repérer les éléments pertinents, percevoir le parcours des différents personnages, et distinguer les aspects de la narration en images. Par exemple, pour l'épisode central, chaque double page raconte deux événements successifs (le héros en effet y est représenté deux fois). En haut à gauche, le petit bonhomme de pain d'épice passe devant un futur poursuivant (un chat, une jument, un petit garçon et une petite fille, une vache), et tout le reste de la double page montre la poursuite, à laquelle s'est joint le nouveau personnage.

Il faut noter également, en contrepoint, que tous ceux qui poursuivent le petit bonhomme de pain d'épice font partie de l'univers humain : un homme, une femme, deux enfants et des animaux domestiqués. Pourtant, dans les images, dès le début, on repère nombre d'autres animaux, sauvages ceux-là, qui ne se joignent pas aux poursuivants, comme si cette histoire ne les concernait pas : des oiseaux, des souris, des lapins, un écureuil, des escargots, des poissons. Le seul animal sauvage qui s'intéresse au héros, pour le manger, c'est le renard.

Quant à la question clé : pourquoi le petit bonhomme de pain d'épice s'anime-t-il ?, aucune information n'est donnée dans le livre, et le lecteur doit donc construire sa propre interprétation.

PISTES D'EXPLOITATION

• La motivation des personnages

Après une première découverte du livre, on demande aux élèves pourquoi les différents personnages poursuivent le petit bonhomme de pain d'épice. On comprend que la petite vieille le fasse, car c'est son dessert habituel qui lui échappe. Mais les autres ? En se joignant aux poursuivants, ils prennent le parti de la petite vieille avec laquelle ils ont un point commun : humains ou animaux domestiques, ils appartiennent au monde *civilisé.*

Les élèves listent les animaux qui ne participent pas à la poursuite et répondent à la question : Pourquoi ce sont des animaux *sauvages* ?

Les raisons d'une fuite

Pourquoi le petit bonhomme de pain d'épice se sauve-t-il ? En apparence, il s'agit d'une sorte de jeu, et le défi réitéré du héros correspond à cette hypothèse. Cependant, l'opposition civilisé/sauvage, mise en évidence ci-dessus, donne une autre dimension à cette fuite.

On fait relever par les élèves tous les obstacles que doit franchir le fugueur avant de parvenir dans la prairie illimitée, symbole de la liberté. En effet, la fuite initiale du petit bonhomme de pain d'épice est jalonnée de symboles d'enfermement : il doit franchir successivement la porte du four, celle de la maison, les deux barrières du jardinet, et la clôture du pré. Mais au moment où le héros atteint la prairie, un nouvel obstacle surgit : la rivière, une limite créée par la nature. Tout se passe comme si la fuite du petit bonhomme de pain d'épice était condamnée à échouer, et lui, à finir mangé.

Un phénomène magique ?

Enfin, la question clé leur est posée : pourquoi le petit bonhomme de pain d'épice devient-il vivant? Comme nous l'avons dit ci-dessus, il n'y a pas de réponse évidente à cette interrogation. Le lecteur doit donc interpréter et son interprétation doit être en accord avec les éléments du livre. Par exemple, si la réponse donnée est qu'il s'agit de magie, l'observation de la course du héros – on a souvent l'impression qu'il vole –, corrobore l'hypothèse. Si l'on répond que c'est la chaleur qui l'a fait en quelque sorte naître, par analogie avec la couvaison, on fait remarquer aux enfants que, dans les images, un oiseau nourrit ses petits au nid, qu'un autre porte un fil dans le bec pour faire son nid. Ainsi, chaque interprétation doit trouver une justification dans le livre.

Deux histoires parallèles pour un même récit

Malicieux pain d'épice
de Jan Brett,
trad. Marie-France Floury
© Gautier-Languereau, 1999.

PRÉSENTATION DE L'ALBUM

Un jeune garçon, Martin, décide de confectionner un bonhomme de pain d'épice d'après une recette écrite dans un vieux livre de style grimoire. La recette est très précise quant au temps de cuisson : huit minutes, ni plus, ni moins ! Or Martin, impatient, ouvre le four trop tôt et... le malicieux pain d'épice s'en échappe.

Comme dans le conte traditionnel, le «*tout p'tit pain d'épice*» lance à ses poursuivants le défi de l'attraper. Cependant, Martin choisit de ne pas le poursuivre, consulte son livre de recettes et découvre un moyen de l'attraper : une maison de pain d'épice qui fait beaucoup songer à la maison de la sorcière dans *Hansel et Gretel.* Le moyen est efficace car, sur le point d'être rattrapé, le tout p'tit pain d'épice se réfugie dans la maison, et Martin l'y enferme. La fin de l'histoire est donc fort différente de la précédente, car le tout p'tit pain d'épice n'est pas dévoré par un renard. Pourtant ce renard est présent dans l'album : il tente sa chance mais échoue.

L'une des particularités de cet album est la **mise en page fort complexe.** Chaque image centrale, réaliste, est cadrée de chaque côté par une large colonne contenant d'autres dessins, stylisés comme sur des biscuits : des glands, une ruche, une poule, un chien... il y en a des dizaines. Ces dessins stylisés servent de frise, et ne paraissent pas jouer un rôle essentiel dans le récit. En revanche, au milieu de chaque colonne, on accède à un autre dessin réaliste, comme au travers d'une fenêtre, sauf que la découpe de celle-ci est exactement celle du bonhomme de pain d'épice. Par exemple, au tout début, l'image centrale montre la mère s'occupant du fourneau, et Martin juché sur un escabeau, attrapant un gros livre sur une étagère. La colonne de droite représente, dans la partie en forme de bonhomme, le livre ouvert en gros plan. Sur la page de droite de ce livre, un dessin de bonhomme suggère qu'il s'agit de la recette du pain d'épice. Sur la page de gauche, on voit le dessin d'une maison, qui anticipe donc la suite de l'histoire.

Tout au long de l'album, la partie centrale et les *découpes* des colonnes rendent compte alternativement des événements, si bien qu'on peut suivre en parallèle l'aventure du tout p'tit pain d'épice, d'une part, et ce que fait Martin dans la maison, d'autre part. Avec une difficulté supplémentaire : il n'y a pas forcément simultanéité temporelle des deux histoires.

Le tout p'tit pain d'épice est différent du petit bonhomme de pain d'épice traditionnel. Il semble vraiment vivant, court, cabriole, danse, change d'attitude, cligne de l'œil... Plus ludique que son homologue, il ne paraît pas chercher à s'échapper, et semble surtout se livrer à un jeu de poursuite. D'ailleurs il provoque ses poursuivants non seulement par ses paroles de défi, mais également par ses actes : il grimpe sur le dos du chat, noue les nattes de Manon et Madeline... Du coup, la symbolique est différente. Le comportement du tout p'tit pain d'épice est proche de celui d'un enfant turbulent. Certes, personne ne l'attrape, pas même le renard, et il n'est pas dévoré à la fin, mais la vraie menace implicite vise davantage son côté humain que sa nature de biscuit. Et c'est la maison de pain d'épice qui en est le support. Car elle rappelle au lecteur la sorcière du conte qui dévore les enfants, et ne se contente pas de desserts. D'autant que la sorcière en question périt dans le four où elle voulait faire cuire Hansel et Gretel, alors qu'inversement le tout p'tit pain d'épice est né dans un four.

PISTES D'EXPLOITATION

● Comparaison des deux albums

On fait comparer cet album avec le précédent, *Le Petit Bonhomme de pain d'épice*, en demandant aux enfants de repérer les différences concernant l'histoire du héros et de ses poursuivants.

En particulier, le caractère malicieux de ce personnage doit mieux apparaître aux élèves si on leur fait relever toutes les expressions qui le qualifient: «*il fait des cabrioles*»; «*arrive en dansant*»; «*ce petit effronté*»; «*plein de malices et de délices*»; «*le plus filou*», etc.

En revanche, comme dans l'album traditionnel, tous les poursuivants sont des humains ou des animaux domestiques. D'ailleurs, quand le renard tente sa chance et échoue, il ne se joint pas pour autant aux poursuivants.

● L'histoire parallèle

L'activité précédente ayant permis de reconstituer l'histoire du tout p'tit pain d'épice, on s'intéresse ensuite à l'histoire de Martin. En reprenant l'album page après page, on demande aux élèves de décrire tout ce que fait ce personnage. Après quoi, on fait créer une frise collective correspondant à l'histoire chronologique de Martin (même si certaines informations ne sont pas dans l'ordre temporel). Chaque phase de cette histoire devra être résumée par une phrase brève. C'est cette reconstitution qui doit permettre de comprendre le mode d'enchâssement particulier des deux histoires, et qui peut être à l'origine d'un débat.

● L'intertextualité

On fait découvrir aux élèves le conte *Hansel et Gretel*, en leur racontant ou lisant l'histoire, et en leur montrant, dans des éditions illustrées, la maison de la sorcière. On les laisse alors s'exprimer sur la ressemblance entre cette maison-ci et celle que fabrique Martin, et sur les implications de cette référence.

• • Une ombre contrariante

Il ne faut pas faire pipi sur son ombre!
de Jean-Pierre Kerloc'h,
ill. Fabrice Turrier
© Milan, 2002.

PRÉSENTATION DE L'ALBUM

Un jour, Valentin fait pipi sur son ombre, qui a l'air mécontente, et lui fait la grimace. Quand il en parle chez lui, ses proches rationalisent et son papy l'initie aux ombres chinoises. La dernière a la forme d'un oiseau qui, dit le texte, «*s'envole à tire-d'aile vers le pays des rêves...*», et Valentin avec lui, sans doute, bien que ce ne soit pas dit explicitement; mais à la fin de l'album, il se réveille dans son lit.

Ce récit est principalement fondé sur **deux espaces**, l'univers habituel de Valentin, d'une part, et l'espace imaginaire du cauchemar, d'autre part. L'entrée dans ce second espace est discrète, car tout paraît normal, sinon l'infidélité de l'ombre.

Dans le rêve, l'ombre de Valentin devient vraiment rebelle, si bien qu'il propose de l'échanger contre celle d'Isabelle. Celle-ci accepte contre un bisou. Seulement, quand Valentin a de nouveau envie de faire pipi, son ombre de fille s'accroupit, ce qui irrite le jeune garçon. Nouvel échange, mais cette fois l'ombre de Valentin se révolte carrément, éclate en mille morceaux, se transforme en ombre de vélo, puis en «*vélocomotive*», «*vélautruche*», «*autruchameau*», etc. Et, pour comble de malheur, l'ombre prend la place de Valentin, elle se sauve, tandis que Valentin se retrouve tout plat, comme s'il était collé sur le mur. C'est alors que Valentin s'éveille, s'étire, et l'on constate que son ombre lui est redevenue fidèle.

En ce qui concerne le lien entre cet album et le mythe du golem, l'acte qui rend l'ombre de Valentin autonome, puis révoltée, est clairement identifiable. Dès la couverture, la posture de l'ombre gigantesque levant un pied et les bras pour éviter d'être souillée montre qu'elle est alors personnifiée, autonome. Dans l'histoire, quand effectivement Valentin fait pipi sur son ombre, cette dernière paraît même carrément en colère, ce que suggèrent, dans l'image, la position des bras, et la forme de la bouche. Cet épisode joue un rôle primordial dans l'interprétation du récit. En effet, comme, dans la suite de l'album, les manifestations d'autonomie de l'ombre semblent faire partie d'un rêve, le lecteur ne se pose pas de questions sur la réalité de cette révolte. Mais l'épisode de l'ombre qui réagit de façon autonome quand Valentin fait pipi est antérieure au rêve.

Cet album présente aussi une originalité dans le style. Des procédés poétiques sont utilisés. Bouts rimés: *«Ombre noire, dans le couloir [...]»*; poème: *«Voici venir la pluie, / L'ombre glisse / en brume grise. [...]»*; mots-valises, comme nous l'avons vu plus haut. Ce style ajoute à l'ambivalence de l'histoire, à l'incertitude de son interprétation.

PISTES D'EXPLOITATION

• Reconstituer l'histoire

Après avoir fait découvrir le livre aux enfants, on commence par leur faire reconstituer l'histoire épisode par épisode. Pour aider à sa compréhension, on fait rédiger une phrase pour chaque épisode. Les phrases obtenues sont reportées sur une bande de papier représentant toute l'histoire, scandée par les dessins les plus signifiants, reproduits par les enfants. Il est nécessaire d'utiliser une couleur différente pour la bande de papier afin de symboliser la partie vécue en rêve.

Une fois la frise de l'histoire constituée, on relit l'album aux élèves, en leur demandant de désigner chaque épisode sur la frise.

• Une histoire du genre fantastique

On organise un débat en posant la question: À quel moment de l'histoire l'ombre commence-t-elle à se révolter? Puis on fait remarquer que cela ne se produit pas pendant le rêve. Alors, est-ce possible? Quelles explications peut-on donner?

• Polysémie du mot «ombre»

Dans les pages initiales figurent trois définitions: «ombre», «ombre portée» et «ombre chinoise». On demande aux élèves de rapprocher chaque définition d'un des épisodes de l'album. Ils constatent qu'il y a un jeu sur les différents sens du mot «ombre».

• • Approche transversale des trois albums

On raconte aux élèves le **mythe du golem,** soit à partir du livre de Singer Isaac Bashevis, cité plus haut, soit en se référant à l'album de Peter Sis *Les Trois Clés d'or de Prague*, qui en propose un résumé. Et on leur demande quel rapport il peut y avoir entre ce mythe et les trois albums abordés ci-dessus : pain d'épice ou ombre ayant forme humaine ; ils deviennent vivants ; ils s'échappent.

6. L'amour, est-ce un conte de fées ?

Situation

Qu'est-ce que l'amour? C'est l'une des nombreuses questions existentielles que les enfants, naïvement, posent d'abord à leurs parents, puis à leurs amis, et que par la suite chacun intériorise, en cherchant des réponses dans la vie réelle ou dans les récits fictionnels.

Les questions existentielles sont multiples, certaines concernent tous les humains, ce qui ouvre la voie aux interrogations philosophiques; d'autres sont individuelles, et dépendent de l'histoire personnelle de chacun.

●● Les réponses de la littérature de jeunesse

Dans la littérature de jeunesse, on cherche depuis longtemps à répondre aux questions existentielles des enfants, même si ce n'est pas formulé en ces termes. On parle plutôt de thème, ou de sujet, répondant à la curiosité *naturelle* des enfants. Trois types de livres, principalement, ont pris en charge cette problématique:

– Les documentaires. Par exemple, on ne compte plus les livres d'information sur la reproduction animale ou humaine.

– Les fictions thématiques. Certaines collections de romans, par exemple, sont fondées sur les questions dont on pense qu'elles sont celles des adolescents. Et, pour toutes les classes d'âge, depuis plusieurs décennies, il y a exploration des thèmes considérés comme des tabous: la mort, la sexualité, la violence…

– Plus récemment, les questions existentielles ont donné lieu à des approches philosophiques adaptées aux jeunes et, ces dernières années, plusieurs collections sont nées. On trouve également des albums qui se situent dans cette perspective, par exemple *Nuit d'orage*, de Michèle Lemieux.

À cet égard, ce qui intéresse tout éditeur, mais également tout éducateur, c'est que les enfants sont spontanément motivés à lire puisqu'ils cherchent des réponses. Les documentaires et les livres philosophiques s'adressent plutôt à leur intellect, tandis que la fiction leur offre des modèles de comportements, ceux des personnages, qu'ils peuvent s'approprier par projection, mettant ainsi en jeu leurs propres émotions. Comme le disent souvent les jeunes lecteurs, c'est alors comme s'ils vivaient eux-mêmes les péripéties. Et l'on peut ajouter: sans risque, puisque *c'est pour de faux.*

●● Qu'est-ce que l'amour ?

Les modèles proposés dans les albums sont variés. En lisant plusieurs livres répondant à ses questions existentielles, un jeune lecteur peut donc construire peu à peu ses propres références, qui lui permettront d'agir socialement.

En ce qui concerne l'amour, il trouvera, par exemple, dans *Lola a le cœur qui bat*, de Sylvie Poillevé et Virginie Fraboulet, une description de l'état amoureux : se sentir tout drôle, oublier ses jeux habituels, regarder du coin de l'œil l'objet de son amour, ne pas oser lui parler, lui faire secrètement des cadeaux, avoir le cœur qui bat fort, etc. En lisant *L'Amoureuse*, de Florence Langlois et Fabienne Frémeaux, il se demandera si « amoureuse » peut être véritablement un état permanent : en l'occurrence, la *« petite amoureuse »* cherche un amoureux en interrogeant tous ceux qu'elle rencontre, depuis l'écureuil jusqu'au rocher. Et à partir de *La Maison du crocodile amoureux*, de Daniela Kulot, il s'interrogera sur la possibilité d'une véritable histoire d'amour entre deux êtres totalement différents, ici une girafe qui mesure deux mètres quarante-trois de plus que son amoureux, le crocodile.

Ce modèle d'histoire d'amour entre deux personnages sans commune mesure est récurrent dans les albums pour la jeunesse. Un autre l'est tout autant, et c'est celui que nous avons choisi d'approfondir, c'est l'histoire d'amour qui s'ancre dans le stéréotype de l'amour courtois, également sous-jacent dans les contes.

Exemples

●● La réalité transfigurée

Ma petite amoureuse
de Jo Hoestlandt,
ill. David Merveille
© Milan, 2004.

PRÉSENTATION DE L'ALBUM

Dans la cour de récréation, *« mon amoureuse était assise sur un banc »*, dit le jeune narrateur qui la rejoint et lui parle pour la première fois. Il apprend qu'elle est mise à l'écart parce qu'elle a des poux, mais ça ne le gêne guère puisque sans cela il n'aurait pas eu l'occasion de lui parler. Il lui révèle qu'il joue au piano *La Lettre à Élise*. Elle comprend de travers, croit qu'il a écrit à Élise, une camarade de sa classe, et son regard se détourne. Il précise et, du coup, comme le dit le narrateur, elle le regarde comme s'il était «*déjà le plus grand pianiste du monde*». Il fait froid, alors il lui prête un gant, puis ils jouent ensemble à la marelle et, atteignant ensemble le ciel, s'envolent. À la fin, une colombe dans ses bras, le narrateur confie qu'il ne dit rien à sa Maman de tous ces tendres moments, de ses sentiments... : «*On ne parle pas de ses secrets d'amour, n'est-ce pas ?*»

Une histoire ordinaire, donc, et plutôt réaliste. Le narrateur garde secrètes ses émotions, que le lecteur peut cependant sentir se profiler dans la description de l'amoureuse. Néanmoins, cette histoire est transfigurée à la fois par les images et par les références qui transforment le narrateur en héros ou en vedette.

PISTES D'EXPLOITATION

• Le portrait de l'amoureuse

Même si le narrateur garde ses émotions secrètes, la façon dont il décrit son amoureuse, le vocabulaire qu'il utilise, laissent entrevoir que tout l'émeut en elle. Dans cette activité, il s'agit de faire reconstituer par les élèves ce portrait, avant d'entamer un débat sur ce que ressent le narrateur. Voici quelques éléments de ce portrait :

- «*elle balançait ses jambes, joliment*» ;
- «*de sa bouche, sortaient de tout petits nuages blancs*» ;
- ses yeux sont comparés à des papillons ;
- etc.

• Les passages qui transforment le narrateur en personnage légendaire

Si le narrateur ne révèle pas au lecteur ses sentiments intimes, il n'hésite pas à confier ses fantasmes. Aussi, on peut demander aux élèves de relever les passages qui lui donnent la stature d'un personnage légendaire, et de les commenter. Par exemple : «*– Je ne crains pas les poux ! ai-je dit du ton que j'aurais pris pour dire : "Je ne crains pas les lions, ni les dragons"*»...

• Les images qui transfigurent l'amour

On demande aux élèves de faire un relevé des images qui vont plus loin que le texte pour exalter l'histoire d'amour : des colombes partout, l'affrontement à la lance avec un pou aussi grand qu'un dragon, un arc-en-ciel, des papillons géants, le couple assis sur un nuage, l'envol réel quand ils arrivent au «ciel» de la marelle, un nuage en forme de cœur...

●● Un prince charmant persévérant

Princesse charmante
de Justine Curatolo,
ill. Marc Lizano
© Éditions du Rouergue, 2002.

PRÉSENTATION DE L'ALBUM

Le héros de cet album est un prince charmant, entouré d'autres princes charmants (dont un footballeur !), qui se demande pourquoi on ne parle jamais de «*princesses charmantes*». Son projet matrimonial est d'en épouser une. Encore faut-il la trouver. Il recourt aux moyens traditionnels des contes, fait «*battre le tambour*», promet «*une colossale récompense*» à qui la trouvera. Or, si les habitants ont bien entendu que le héros cherche une princesse, le mot «charmante» leur a échappé, à cause du trésor promis. Si bien qu'une multitude de princesses se présentent: Urgente, Tremblante, Pesante, Roulante, Volante, etc. Naturellement aucune ne convient, et cette quête prend toute la vie du prince charmant. Il est donc déjà vieux quand la princesse charmante se présente, aussi âgée que lui car elle a passé une bonne partie de sa vie à attendre au bout de la file... Néanmoins, le charme opère, et «*même s'ils ne vécurent plus très longtemps, ils eurent beaucoup... d'instants charmants*».

PISTES D'EXPLOITATION

● Le conte comme modèle

On demande aux élèves quels sont les moyens utilisés par le héros pour rencontrer celle dont il rêve. En fait, son cadre de référence s'inspire des contes. S'il fait battre tambour, c'est parce qu'il l'a lu dans un certain nombre de livres. S'il promet une somptueuse récompense, c'est parce que cela se fait dans la plupart des contes.

Une autre question se pose alors: pourquoi le prince charmant accepte-t-il de rencontrer toutes ces prétendantes ? Parce qu'en fait, il ignore totalement à quoi peut ressembler une princesse charmante, puisque c'est par déduction qu'il a imaginé son existence.

Le vocabulaire de l'émotion

On fait passer en revue tout ce qui concerne chaque princesse (texte et image). Outre que le nom de chaque princesse rime avec « charmante », chacune fait l'objet d'un jeu. Par exemple, la première, Urgente, va si vite qu'elle n'apparaît même pas à l'image. La seconde, Tremblante, est l'objet d'un jeu de mots : elle provoque des secousses, ce qui fait penser à l'expression « être secoué ». La troisième, Pesante, est remerciée par le prince *« d'être si forte et si gentille »*, mais il faut comprendre aussi « remercier » comme « donner congé ».

Après avoir passé en revue tous ces jeux de langue concernant les princesses, les élèves vont se rendre compte que, le plus souvent, il s'agit de jeux de mots renvoyant au champ lexical de l'émotion. Par exemple :
– avec princesse Volante, le prince *« se vit pousser des ailes »* ;
– princesse Tournante lui fait tourner la tête ;
– princesse Fumante laisse le prince *« suffoqué »*.
– Etc.

Une référence intertextuelle

On fait découvrir aux élèves le poème de Paul Verlaine *Mon rêve familier*[6], qui commence par :

« Je fais souvent ce rêve étrange et pénétrant
D'une femme inconnue, et que j'aime, et qui m'aime,
Et qui n'est, chaque fois, ni tout à fait la même
Ni tout à fait une autre, et m'aime et me comprend. »

On leur demande si ce poème leur rappelle une princesse de l'album. Effectivement, princesse Changeante a *« la manie de n'être jamais la même ni tout à fait une autre »*.

Mais le poème éclaire l'album d'une autre façon, en évoquant un rêve, une femme inconnue, tout comme le prince charmant.

---

6. Extrait de *Poèmes saturniens*. On le trouve dans de nombreuses anthologies.

●● Un amour dévorant

*

Le Déjeuner de la petite ogresse
d'Anaïs Vaugelade
© l'École des loisirs, 2002.

PRÉSENTATION DE L'ALBUM

C'est l'histoire d'une petite ogresse orpheline. Chaque dimanche, elle mange un enfant. Cette fois, le garçon qu'elle compte capturer la voit, embusquée dans l'arbre au-dessus de la cage ouverte qui, comme appât, contient un gâteau. Non seulement il n'a pas l'air effrayé, mais c'est délibérément qu'il entre dans la cage. Dès lors, il ne cesse de sourire.

Le dimanche, la petite ogresse trouve le garçon en train de mettre la table, pour lui «*rendre service*». Puis il range, nettoie, fait remarquer que sa cage ferme mal. La petite ogresse diffère alors son repas d'une semaine, mais elle est furieuse. En fait, elle lutte contre un sentiment naissant, et finalement elle y cède: une double page montre les deux enfants agissant en commun. Seulement, la petite ogresse tombe malade car, à son âge, elle doit «*manger des enfants*». Le petit garçon, assis près de son lit, lui tient la main et s'endort. Quand il se réveille, sa main est dans la bouche de l'ogresse, alors il décide de partir.

Mais il revient, longtemps après, et demande l'ogresse en mariage. Et ils se marient en effet, une fois que l'ogresse a promis de ne plus manger d'enfants. D'ailleurs, ils en ont beaucoup... L'image montre qu'il y en a une douzaine.

L'histoire pourrait s'arrêter là, mais elle rebondit car la dernière image, sans texte, montre une des petites filles, blonde comme sa mère, en train de fabriquer une cage.

Bien que cet album soit plein d'humour noir, il n'en décrit pas moins une situation cornélienne fondée sur le choc de deux univers: celui de l'ogresse, issu des contes, et celui du garçon, proche du réel. Dans le monde de l'ogresse, ne pas manger d'enfants risque d'être mortel. Dans celui du garçon, on ne joue pas les héros médiévaux, si bien qu'il ne se sacrifie pas pour sauver sa bien-aimée, mais s'en va. Du point de vue de l'ogresse, le garçon est certainement une sorte de prince charmant, même si elle lutte contre son amour naissant, et la fin, calquée sur la conclusion des contes, le confirme. Du point de vue du garçon, l'ogresse est sans doute une compagne de vie, et sa propension à partager les tâches ménagères le confirme.

PISTES D'EXPLOITATION

• Les sentiments amoureux

Après leur avoir fait lire l'album, on demande aux élèves de décrire la naissance et le développement du sentiment amoureux pour chaque personnage. Le garçon a certainement un coup de foudre, puisque c'est délibérément qu'il entre dans la cage. Ensuite, il cherche à se rendre utile, veille sur l'ogresse malade, et revient plus tard l'épouser. Au contraire, l'ogresse résiste au sentiment, ce qui explique sa colère, mais ce sentiment se manifeste par le fait qu'elle repousse plusieurs fois son repas humain, et finit par épouser le garçon.

• La situation cornélienne

On demandera aux élèves pourquoi le garçon s'en va quand l'ogresse est malade, afin de provoquer un débat. Pour lui, si la situation reste en l'état, son amoureuse va mourir. Il peut soit se laisser manger pour la sauver, soit s'enfuir. Pour l'ogresse, le choix n'est pas plus aisé : si elle mange le garçon, elle perd son amoureux, si elle ne le mange pas, elle meurt.

• L'implicite

On demande aux élèves de commenter trois aspects de l'album chargés d'implicite :

– Pourquoi l'ogresse, devenue jeune fille, peut-elle renoncer à manger les enfants ? Il faut supposer que c'est une loi de la nature ogresque : manger des enfants est indispensable quand on grandit, et ce n'est plus nécessaire ensuite. Si les ogres adultes continuent à manger des enfants, c'est donc par goût ou par habitude.

– Que se passe-t-il entre le moment où le garçon quitte l'ogresse et celui où il revient ? Puisque l'ogresse n'est pas morte, il faut supposer qu'elle a continué à manger des enfants.

– Que signifie la dernière image ? Que l'ogritude est héréditaire, mais comme l'ogresse s'est mariée avec un humain, tous les enfants ne sont peut-être pas des ogres.

• • Approche transversale des trois albums

On fait comparer aux élèves les différentes situations amoureuses présentées dans ces albums, d'abord du point de vue des garçons, ensuite du point de vue des filles.

Dans *Ma petite amoureuse*, le garçon est déjà amoureux, et s'efforce de séduire la fille. Cette dernière, neutre au début, se laisse effectivement séduire.

Dans *Le Déjeuner de la petite ogresse*, le garçon a un coup de foudre. La fille, qui résiste à ses sentiments, y succombe finalement.

Bien que, dans ces deux albums, les situations soient très différentes, le modèle est similaire : un garçon tombe amoureux et parvient à séduire une fille.

Dans *Princesse charmante*, au contraire, le garçon ne tombe pas amoureux d'une fille. Il a seulement un modèle abstrait dans la tête. D'où son échec à rencontrer une compagne. Sauf à la fin, qui révèle que la vieille femme est de la même nature que les filles des deux autres albums : elle n'a pas pris d'initiative, au point d'attendre toute sa vie l'occasion de se laisser séduire.

Ces constats permettront de faire naître un débat sur l'idéologie dominante en ce qui concerne les relations amoureuses.

Comment utiliser les albums au cycle 3 ?

1. Interpréter le récit

Situation

Comme nous l'avons vu précédemment, un jeune lecteur entre d'abord dans un récit par les personnages, et c'est par eux qu'il appréhende l'histoire racontée. Plus expert, il perçoit le rôle du narrateur, qui gère le récit, choisit une manière de le raconter. Le lecteur, par une sorte de dialogue avec le narrateur, se fait alors co-énonciateur de l'histoire, comble les « blancs » du texte, les « hors-champs » des images. Ce faisant, il ne se contente plus de comprendre le livre, il commence à l'interpréter en y injectant ses propres références.

Cependant, derrière le narrateur se profile l'auteur, ou plus exactement un auteur virtuel dont le lecteur connaît l'existence, mais qui reste constamment caché dans la coulisse. Le lecteur sait que le narrateur est la marionnette de l'auteur (voir p. 167, la partie intitulée « Qui anime les marionnettes ? »), mais sans jamais pouvoir affirmer que celui-là est le reflet de celui-ci.

Quand des enfants rencontrent des écrivains, ils les interrogent souvent sur l'un de leurs narrateurs-personnages : « Est-ce que c'est vous ? » Les auteurs expliquent alors que leurs créatures de papier n'ont pas grand-chose à voir avec eux-mêmes, même s'ils partagent avec elles certains souvenirs ou traits de caractère.

Or le lecteur peut entrevoir l'auteur virtuel si, au-delà de l'histoire racontée par le narrateur, il s'intéresse au **sens global** du livre, plus particulièrement à son **genre littéraire**, ou à sa **symbolique.** À ce niveau, le lecteur dialogue en quelque sorte avec l'auteur virtuel, lui demandant fréquemment quelles sont ses intentions, chaque fois que l'œuvre résiste à une interprétation immédiate.

Les programmes 2016 de cycle 3 précisent que « Les activités de lecture mêlent de manière indissociable compréhension et interprétation. Elles supposent à la fois une appropriation subjective des œuvres et des textes lus, une verbalisation de ses expériences de lecteur et un partage collectif des lectures pour faire la part aux interprétations que les textes autorisent et de celles qui sont propres au lecteur. »

Nous avons donc choisi trois albums, de genres différents, dont certains aspects ouverts ne permettent pas une interprétation fermée, et nécessitent un débat.

Exemples

•• Un album instable

**

Moi et Rien
de Kitty Crowther,
© l'École des loisirs, « Pastel », 2000.

PRÉSENTATION DE L'ALBUM

Lila est désemparée : on comprend peu à peu que c'est parce que sa mère est «*partie dans le ciel*» et que son père «*a des soucis*». Lila imagine un personnage qu'elle nomme «Rien», et qui apparaît à l'image comme un croisement de fantôme et de bonhomme de neige. Elle en fait son confident, son compagnon. Il lui apprend à semer des graines. Le jardin est en friche depuis le *départ* de la mère. Lila, dans le débarras, trouve des graines de pavots de l'Himalaya, qui étaient les fleurs préférées de sa maman. Elle les sème et, bientôt, le jardin est comme avant. Le père de Lila la serre dans ses bras; ils sont observés par Rien, caché derrière un lilas apparu au printemps. Ce lilas, entouré des fleurs bleues préférées de la mère, avec le père souriant pour la première fois, symbolise la famille reconstituée. Et Rien apparaît alors au lecteur comme un personnage initiatique.

À la fin, le père de Lila lui offre une boîte qui, dit-il, contient quelque chose fait par la mère, et destiné à sa fille. La dernière image montre la boîte ouverte; elle contient un petit personnage qui n'est autre que Rien.

Le début du texte (*«Ici, il n'y a rien. Si, il y a [...] Rien et moi. [...] Il vit avec moi [...]*»), énoncé par Lila, amène à comprendre que Rien est un personnage imaginaire, ce que confirme une remarque d'un autre personnage. Or, peu à peu, tant dans le texte que dans les images, Rien s'impose comme un personnage à part entière. Au point même qu'à deux reprises, il est représenté, caché, dans les images, alors que Lila ne le voit pas. On ne peut donc même pas dire que le narrateur imagier représente ce que seule la fillette imagine. Une première interrogation se pose donc quant à l'existence de Rien. Questionnement qui rebondit, à la fin, quand on découvre que la mère a fabriqué un petit «Rien».

Mais l'incertitude ne concerne pas seulement un personnage. Elle porte également sur la narration. En effet, si au début c'est Lila la narratrice, quelques pages plus loin un narrateur externe prend sa suite: *«Le lendemain, Lila emmène son ami [...]»,* avant de lui céder de nouveau la gestion du récit: *«Le temps passe et Papa a toujours autant de soucis».*

PISTES D'EXPLOITATION

• Reconstituer l'histoire

En faisant découvrir, page après page, l'album aux élèves, on leur demande de décrire Lila et sa famille. Au début, nonobstant le fait que, selon Lila, les autres enfants la trouvent bizarre, rien ne permet de penser que Lila vit un drame. Elle se déguise avec les vêtements de son père. À table, il y a deux adultes, un homme et une femme, et ce n'est qu'à la page suivante qu'on apprend que cette dernière s'occupe de Lila quand le père est absent. Et il faut avancer dans l'album pour que la disparition de la mère soit énoncée, bien qu'on puisse en faire l'hypothèse plus tôt, quand Lila parle d'elle au passé.

À la fin de cette lecture page après page, on reprend l'histoire entièrement pour s'assurer que tous les enfants en ont bien compris l'organisation.

• Un personnage fantomatique

On interroge les élèves: «Rien existe-t-il en tant que personnage autonome, ou est-ce seulement un personnage imaginé par Lila qui est représenté dans les images?» On reprend l'album du début, pour voir comment l'existence de ce personnage paraît s'imposer peu à peu: il parle à Lila, il agit en semant des graines et en faisant apparaître le lilas, il est présent dans des images même quand les autres personnages ne le voient pas...

Puis, à partir de la dernière image, celle du petit «Rien» fabriqué par la mère, on leur demande de faire des hypothèses et d'en débattre. Poupée magique, le personnage créé par la mère s'est-il incarné ? Lila connaissait-elle déjà ce personnage dont elle a fait un support imaginaire ?

• Deux narrateurs alternatifs

On demande aux élèves qui raconte l'histoire. Pour aller plus loin, on leur fait relever et classer dans quatre colonnes les différentes phrases prononcées.

Phrases de Lila narratrice, qui s'adresse au lecteur, sans guillemets	Phrases prononcées par Lila, avec guillemets, quand elle est narratrice	Phrases du second narrateur qui raconte à la troisième personne	Phrases prononcées par Lila, avec guillemets, quand le second narrateur raconte

Ils constatent que le système narratif est très complexe. Quelles hypothèses peut-on faire alors ? Tout ce qu'on peut dire c'est que le second narrateur est distant (il désigne le père par «*Monsieur Papa*», par exemple), ce n'est donc pas la mère, depuis le ciel. Et qu'il n'intervient que pendant trois pages.

• • Entre deux genres

La nuit de Faust
de Matt Ottley,
trad. Isabel Finkenstaedt
© Kaléidoscope, 1996.

PRÉSENTATION DE L'ALBUM

Faust est un chien. Une nuit, en regardant par la fenêtre, il voit quelque chose d'étrange, indique le narrateur textuel sans préciser. L'image représente une sorte de véhicule extraterrestre et il en sort une ribambelle de créatures, toutes plus bizarres les unes que les autres : des chimères composées de morceaux d'animaux différents.

Faust réveille successivement les différents membres de la famille. Mais chaque fois qu'un humain sort de la maison, les créatures se cachent. Faust est alors qualifié de «*mauvais chien*», et jeté dehors. Les créatures font rentrer Faust dans la maison, et tout recommence. Alors Faust décide de s'enfuir, toujours poursuivi par la horde de créatures qui s'intéressent à lui sans méchanceté, et il finit à la fourrière.

Le lendemain, Papa, Maman, Isabelle et Clément vont l'y chercher. La voiture passe devant le musée, et on voit une banderole sur laquelle est inscrit : «*Exposition. La vie sur les autres planètes*». Deux des créatures vues par Faust y sont dessinées.

Le narrateur textuel ne s'engage jamais davantage qu'au début. Quand le père sort et regarde partout, alors que l'image représente les créatures cachées dans tous les coins, le narrateur textuel prend le parti du père en disant que ce dernier, lui, ne voit rien d'étrange. Et ainsi de suite. Au contraire, le narrateur imagier prend totalement en charge la vision de Faust.

Ce désaccord entre les deux narrateurs suscite des interrogations sur le genre de l'album et sur ce qui se passe vraiment. Si l'on s'intéresse au nom du héros, par exemple, on peut évoquer la légende de Faust, qui avait vendu son âme au diable. Ici, Faust ne serait-il pas hanté par des démons, puisqu'il a pactisé avec leur maître ? D'ailleurs, dans la bibliothèque présente à la première page, on parvient à lire deux titres au dos des livres: *Faust* et la *Bible.*

Si on s'intéresse davantage à la première image où l'on voit l'étrange véhicule, on constate que la lune est pleine. On peut alors se demander si Faust a pris « un coup de lune », comme on dit parfois. D'ailleurs, ce livre est australien, et en anglais, *lunatic* signifie carrément « fou ».

Mais on peut au contraire prendre parti pour le narrateur imagier et décider que tout ce qu'il nous raconte, bien que surnaturel, est vrai. D'ailleurs, le titre anglais, *What Faust Saw* (« Ce que voyait Faust »), est calqué sur le titre d'un célèbre roman de Henry James: *What Maisie Knew (Ce que savait Maisie)*, où la jeune héroïne assiste à des relations entre adultes qui la dépassent. N'est-ce pas aussi le cas de Faust? Il voit ces créatures *étranges* mais cela dépasse son entendement.

On a donc le choix entre deux interprétations: 1. Faust est fou, il a des visions. 2. Faust est effectivement témoin d'événements surnaturels. Or, la définition la plus rigoureuse du genre fantastique explique que le lecteur hésite entre deux interprétations, et que rien, dans le livre, ne lui permet de trancher[1].

Seulement, et c'est là que l'interrogation sur le genre de l'album déroute le lecteur, s'il choisit la seconde hypothèse, adoptant le point de vue du narrateur imagier, alors il s'agit du genre science-fiction: les créatures sortent d'un véhicule extraterrestre, et la banderole du musée parle de «*la vie dans les autres planètes*».

PISTES D'EXPLOITATION

● Disparité entre les narrateurs textuel et imagier

Sans encore faire découvrir le livre aux élèves *de visu*, on leur en lit le texte en leur précisant que c'est celui d'un album qui leur sera présenté ensuite. On leur demande alors quelle histoire raconte ce texte.

1. Tzvetan Todorov, *Introduction à la littérature fantastique.*

L'album est ensuite montré et ils découvrent que c'est le narrateur imagier qui narre l'histoire surnaturelle. On les fait réfléchir sur les imprécisions du texte, là où l'image est explicite : *« étrange »*, *« Il trouva le moyen de rentrer »*, *« Non. Dedans ! »*.

• Le genre fantastique

On fait remarquer aux élèves que le narrateur textuel ne donne jamais son avis. Même quand il utilise le mot « étrange », c'est pour témoigner du point de vue de Faust, puis du père. Alors, est-ce que Faust a véritablement vu tout ce qui est représenté à l'image ? Ou l'a-t-il seulement imaginé ?

On demande aux élèves d'argumenter leurs hypothèses, à partir des éléments présents dans le livre. Puis on aborde, avec eux, la notion de genre fantastique (en mettant en évidence le fait que dans le fantastique, on oscille entre le réel et l'imaginaire).

• Le genre science-fiction

Il est probable qu'au cours du débat précédent, la science-fiction aura déjà été évoquée. Dans un premier temps, on demande aux élèves quels éléments de l'album suggèrent ce genre (voir ci-dessus). Dans un second temps, en acceptant l'hypothèse que ce que décrivent les images s'est réellement passé, on leur demandera de faire des suppositions sur les intentions de ces extraterrestres : pourquoi s'intéressent-ils tant à un chien alors qu'ils se cachent de tous les humains ? Est-ce parce que, plus proche d'eux en tant qu'animal, ils le considèrent comme l'espèce intelligente de la planète ? Et pourquoi l'aident-ils deux fois à rentrer dans la maison ? Imaginent-ils un conflit entre Faust et les humains ? Mais alors pourquoi ne l'aident-ils pas quand il est capturé par l'homme de la fourrière ? Cela dépasse-t-il leurs capacités ?

À l'issue de cet échange collectif, les élèves doivent comprendre que ce genre ouvre des portes sur diverses interrogations sans forcément en donner les réponses.

• • Album ou document ?

Ceci est un poème qui guérit les poissons
de Jean-Pierre Siméon, ill. Olivier Tallec
© Rue du monde, 2005.

PRÉSENTATION DE L'ALBUM

Arthur, contemplant son poisson Léon tourner en rond dans son aquarium, s'inquiète qu'il meure... d'ennui. Sa mère lui répond de vite lui donner un poème, avant de partir à son cours d'hélicon !

Arthur ignore ce qu'est un poème, alors commence une quête d'information en randonnée. Il regarde dans le placard de la cuisine, le placard à balais, sous le lit, puis il interroge le marchand de vélos, la boulangère, le vieux Mahmoud, son canari, Mamie, Papy. Chacun lui donne une réponse peu rigoureuse mais... poétique. À la fin, Arthur récite à son poisson un poème composé des réponses qu'il a obtenues à sa question. Alors, pour la première fois, Léon parle et se déclare poète : « *Et le poème est mon silence* ».

Ce livre est bien un album, il raconte une histoire, la quête d'Arthur, et les images représentent ce qu'Arthur imagine à partir des réponses qu'il reçoit. Cependant, ce livre semble surtout destiné à faire réfléchir le lecteur sur la définition de la poésie, jamais donnée explicitement, mais présente sous une autre forme, à condition qu'on effectue un véritable travail d'interprétation.

PISTES D'EXPLOITATION

● Les caractéristiques de la poésie

Après avoir fait découvrir l'album aux élèves, on leur indique que, peut-être, chaque démarche d'Arthur lui permet de connaître une caractéristique de la poésie. La classe réfléchit à chacune d'elles et l'enseignant précise certains mots :

– Dans le placard de la cuisine, ce sont des nouilles en forme de lettres qui répondent. Or un poème est fait de mots, formés de lettres.

– La serpillière qui a un rhume répond : « *Bas de boème bar izi* ». Or un poème peut pareillement déformer des mots : calembours, mots- valises... Qui plus est, ici, le mot « boème » peut faire songer au poème célèbre d'Arthur Rimbaud : « Ma bohème ». D'autant plus que le personnage de l'album s'appelle Arthur.

– La réponse suivante est rapportée sous forme d'allitération.

– Celle du réparateur de vélos contient une figure de style.

– La réponse de la boulangère témoigne de la réalité transfigurée.

– Celle de Mahmoud est empreinte de nostalgie.

– Le canari donne une définition qui revient à dire que la poésie est une évasion de la réalité.

– La réponse de Mamie correspond à la réalité rêvée, alors que Papy, qui écrit des poèmes, répond par une tautologie : « *Un poème, euh... c'est ce que font les poètes* ».

– Finalement, le poisson utilise un paradoxe.

• Expliciter les références

Le nom de l'oiseau, Aristophane, attire l'attention. On fait rechercher ce nom dans le dictionnaire, afin que les élèves découvrent que ce personnage était un poète grec satirique, qui justement dénonçait les atteintes à la liberté, et que l'une de ses pièces mettait en scène des oiseaux.

On revient alors au prénom du héros, Arthur, déjà rapproché de Rimbaud, et on le leur fait chercher également dans le dictionnaire. Ce roi légendaire est le souverain des romans de la Table ronde, et l'une des aventures du cycle arthurien est la quête du Graal. Or le héros de l'album se lance dans une quête similaire dont la symbolique pourrait être: peu importe qu'on ne trouve pas le Graal (la définition du poème), ce qui compte, c'est le cheminement vers ce trésor.

• Écriture d'un poème

On propose aux élèves d'écrire chacun un poème, selon un contrat défini ensemble, en reprenant certaines caractéristiques énoncées plus haut.

Par exemple, il pourrait s'agir d'un poème répondant à la question: «*Qu'est-ce qu'un poisson?*», qui ne serait pas rimé, mais contiendrait des allitérations, une figure de style, et transfigurerait la réalité.

•• Approche transversale des trois albums

On demande aux élèves de regarder ce que représente exactement le narrateur imagier, dans les trois albums. Ils constatent que, chaque fois, le narrateur imagier représente ce qu'imagine le personnage principal.

2. Des personnages déterminés par les images

Situation

C'est souvent le narrateur textuel qui décrit les personnages, même s'il se contente de quelques adjectifs pour le faire. Par exemple, l'héroïne de l'album de Sarah K. et Ronan Badel, *Le Grand Amour,* est ainsi présentée: «*Zigomène, c'est la plus belle des fourmis*». Quant à l'éléphant dont elle tombe amoureuse, «*c'est le plus grand, c'est le plus majestueux d'entre tous*». Dans ce cas, le narrateur imagier ajoute seulement des précisions sur les personnages.

Toutefois, dans les albums sans texte narratif, ou dans ceux où le narrateur textuel reste volontairement imprécis, ce n'est qu'en observant attentivement les images que le lecteur peut se faire une idée des personnages, de ce qu'ils ressentent, des raisons qui les font agir.

Ce type d'albums n'est pas très fréquent, mais ils sollicitent beaucoup la coopération du lecteur, en particulier sa capacité d'interprétation. C'est pourquoi il nous a paru intéressant d'en proposer trois fort différents.

Exemples

•• Un album sans narrateur textuel

Savoir-vivre
de Yann Fastier,
© Mijade, 2000.

PRÉSENTATION DE L'ALBUM

À chaque page de cet album, enfermée dans ce qui simule un morceau de papier déchiré, est représentée une fillette dont le visage et les mains sont figurés par des bouts de textes imprimés dont on parvient parfois à lire des mots. Envahissant l'espace où se trouve la fillette, des phrases sont manuscrites, en grosses lettres rouges, qui s'apparentent à des reproches.

Ces phrases en rouge permettent de déterminer que c'est la mère qui les énonce puisqu'on lit successivement: «*Ah! t'es bien comme ton père...*», et: «*C'est pas possible, t'es pas ma fille...*».

Le lecteur a donc tendance à interpréter la relation mère/fille comme une situation tragique fondée sur l'accumulation des injonctions. Surtout qu'il paraît y avoir une montée de la violence: «*Ah! tu l'as pas volée celle-là...*» révèle une gifle, et à la fin la fillette semble être mise au coin, donc exclue.

En outre, les mots qu'on parvient à lire dans les bouts de textes imprimés tendent à accentuer ce côté tragique: «*emprisonné*», «*invisible*», «*Citoyenneté sud-africaine*», «*théorie de la tension*»...

Or, la fin est paradoxale par rapport à cette interprétation spontanée. Pour la première fois, pas de texte en rouge, mais une onomatopée, en bleu: «*Driiiiiiiing*». Entendant cela, la fillette rit. À la page suivante, une femme souriante est représentée, et l'héroïne la serre contre elle; elles sont entourées d'étoiles bleues. À la dernière page, se donnant la main, la fillette et l'adulte, de dos, s'éloignent, et l'on peut lire, dans le cadre de papier déchiré qui les contient, de nouvelles phrases de reproche en rouge.

Comment interpréter ce paradoxe ? Deux hypothèses principales paraissent en concordance avec les faits relevés.

Dans le premier cas, on peut supposer que les différentes scènes sont successives, depuis que la fillette est rentrée chez elle jusqu'à la fin du repas, suivie par la punition, au coin, et que la mère est hors champ. Dans ce cas, l'adulte qui sonne à la porte et vient chercher la fillette n'est pas sa mère, mais quelqu'un d'autre qu'elle aime. Seulement, ironie de la situation, cette personne réagit comme la mère.

Dans le second cas, on peut supposer que la fillette est ailleurs que chez elle, qu'elle se remémore des bêtises qu'elle a faites (se salir, casser des assiettes, refuser de manger, être insolente) et les réflexions de sa mère, et qu'elle se demande, inquiète, si, dans ces conditions, sa mère va revenir la chercher. Les images qui représentent la fillette au coin peuvent alors être interprétées comme traduisant son attente et son inquiétude. Quand on sonne à la porte, la fillette rit de soulagement, et étreint sa mère, qui bientôt reprend sa litanie.

C'est en explorant les images que le lecteur parvient à construire ces hypothèses antagonistes.

PISTES D'EXPLOITATION

• La relation mère/fille

On fait découvrir l'album aux élèves jusqu'au moment qui précède la sonnerie. En premier lieu, on leur demande de trouver qui profère ces phrases que, sans doute, ils ont déjà entendues eux-mêmes. On leur propose alors d'émettre des hypothèses sur les sentiments de la mère vis-à-vis de sa fille.

Ensuite, les élèves observent les attitudes de la fillette dans les images : elle a l'air contrariée quand elle casse les assiettes, souriante au début du repas, hargneuse plus loin, elle tire la langue, se protège quand on la menace d'une gifle… Craint-elle sa mère ? Quels sentiments peut-elle éprouver pour elle ?

• Des connotations à faire

On demande aux élèves s'ils parviennent à lire des mots dans le visage des personnages. On les fait commenter. « *Emprisonné* » peut rappeler la situation de la fillette, chez elle (ou ailleurs s'ils choisissent, par la suite, l'autre interprétation). « *Invisible* » peut s'interpréter comme le sentiment de la fillette vis-à-vis de l'affection souhaitée de sa mère (ou de la personne qui la garde). « *Citoyenneté sud-africaine* » rappelle la domination d'un groupe social sur un autre, tout comme *«les derniers Papous»*. Quant à la *«théorie de la tension»*, cela pourrait définir la relation entre la mère et la fille.

● Débat interprétatif

On fait alors découvrir la fin de l'album aux élèves en leur demandant comment elle peut être compatible avec ce qui précède. Au cours du débat, on leur rappelle ce qui, dans l'album, peut contredire une hypothèse ou, au contraire, l'ambivalence de certains détails (par exemple les mots dans les visages, la fillette au coin, ou ses expressions de visage) qui peuvent s'interpréter de plusieurs manières.

Pour les aider à construire des hypothèses cohérentes, on leur propose de s'appuyer sur les faits les plus évidents: c'est la mère qui prononce les phrases en rouge; la personne qui sonne à la porte ne vit pas là; la fillette et cette personne s'aiment. Puis on leur fait remarquer que toute la première partie est à la fois une énumération des bêtises de la fille et une énumération des remarques de la mère. Laquelle privilégier pour interpréter l'album?

● ● Un album sans texte

*

Loup noir
d'Antoine Guilloppé
© Casterman,
coll. «Les albums Duculot», 2004.

PRÉSENTATION DE L'ALBUM

Cet album sans texte est comme un film muet en noir et blanc, avec une succession de plans différents (plan d'ensemble, plan rapproché, gros plan, plongée, contre-plongée...).

Une silhouette blanche marche dans la nuit noire, celle d'un garçon qui pénètre dans un bois. Deux yeux l'observent : c'est un loup noir qui le suit. La neige se met à tomber et le garçon à courir, suivi par le loup menaçant, et sous le regard d'un hibou. Soudain, le loup bondit et se jette sur le garçon.

Il faut tourner la page pour se rendre compte que le loup vient de sauver la vie du garçon: un arbre s'est abattu à l'emplacement exact où s'arrêtaient ses pas dans la neige. Le garçon étreint le loup qui paraît sourire.

La dernière page de garde présente la fin du bois et la ville où, sans doute, est arrivé le garçon, car le paysage est vide.

Dans cet album, tout contribue à ce que le lecteur convoque le stéréotype des histoires de loup : le titre d'abord, les éléments de l'histoire ensuite. Un garçon seul, la nuit, dans un bois, la neige, un loup. Puis la façon dont l'animal est représenté : les yeux en gros plan, la gueule armée de dents, également en gros plan, le loup bondissant. Enfin, le comportement du garçon qui se met à courir et, plus loin, regarde derrière lui. Au fil des pages, le lecteur perçoit l'accélération de ses pas dans la neige. C'est la succession de plans en contre-plongée, puis en plongée, enfin en gros plan, qui rend visible ce mouvement, comme dans un film d'animation. La présence du hibou observant la scène amplifie la montée de l'angoisse.

Les couleurs sont également signifiantes, non seulement parce que le blanc de la neige envahit peu à peu tout l'espace, mais aussi parce que le loup change de couleur: à trois reprises, il est blanc, lorsqu'il a un comportement salvateur. En revanche, après avoir bondi (blanc) sur le garçon, qui est alors assis dans la neige, le loup, campé sur ses quatre pattes, redevient noir. Serait-il de nouveau menaçant ? Cela crée un effet de suspense car, tant que le lecteur ne voit pas le garçon étreindre le loup (blanc) à la page suivante, il n'est pas certain des véritables intentions du loup.

Cette scène finale prend à contre-pied le stéréotype des histoires de loup, et une grande tendresse se dégage de l'enlacement entre le garçon et le loup. On peut même imaginer que ce n'est pas un loup, mais le chien du garçon, qui le suivait pour le protéger.

PISTES D'EXPLOITATION

• Créer le texte

On fait découvrir l'album, page à page, aux élèves, jusqu'au moment où le loup bondit, et on leur demande d'inventer collectivement deux types de textes :
– À chaque page, le monologue intérieur du héros, ce qui les oblige à se mettre dans la peau du personnage et à interpréter ses comportements.
– Chaque fois que le loup apparaît, une phrase narrative renforçant le suspense, de façon à leur faire exprimer le stéréotype des histoires de loup.

• Anticiper la suite

On demande aux élèves d'imaginer la fin de l'histoire, après le moment où le loup bondit sur le garçon.

• Réinterpréter l'histoire

Après avoir fait découvrir aux élèves la fin de l'album, y compris la ville dont les lumières brillent dans la nuit, on reprend l'album au début, et on leur relit les textes inventés au cours de la première activité. Ils sont alors invités à changer ce qui ne convient plus.

• • Un personnage fractionné

Paul-la-Toupie
de Geneviève Laurencin,
ill. Michel Boucher
© Lo Païs d'Enfance/Éditions du Rocher, 2004.

PRÉSENTATION DE L'ALBUM

Cet album porte un sous-titre : *Histoire d'un enfant différent*. En quatrième de couverture, le paratexte précise qu'il s'agit d'un enfant «*autiste*», mais ce n'est jamais dit dans le récit.

La première page présente en image ce personnage différent : sur un fond divisé par des courbes qui s'entrecroisent, délimitant des couleurs variant entre le crème et le violet, un enfant est assis, jouant avec une toupie. Ce personnage est lui-même fractionné par des lignes, comme s'il était constitué de briques.

Au début de l'histoire, il est sept heures au réveil. Thomas se lève pour être le premier à souhaiter un bon anniversaire à son frère aîné, Paul, qui ne «*répond jamais*». Thomas entre et offre à son frère une grosse voiture. Paul ne s'y intéresse pas, joue avec sa toupie, tourbillonne, fait comme s'il était seul. Thomas essaie de l'intéresser à la voiture en jouant avec, en vain. Alors, de rage, il jette l'auto qui se fracasse en morceaux. Paul, effrayé, se met à pleurer. Thomas prend son frère dans ses bras. Alors Paul s'intéresse à la voiture cassée et, pour la première fois, joue avec son jeune frère. À la fin, Thomas proclame à ses parents que «*Paul a grandi, dans sa tête, ce n'est plus tout petit*».

Le narrateur textuel raconte l'histoire, mais ce n'est qu'en s'intéressant aux images que le lecteur peut interpréter pourquoi Paul a grandi. Comme on l'a vu plus haut, la différence de Paul, c'est qu'il est un personnage «fractionné». Triple fractionnement, pourrait-on dire, puisqu'il semble fait de briques dans les illustrations, que la moquette de sa chambre est cet entrecroisement de courbes décrit plus haut, et qu'en outre, les images où il apparaît sont divisées en cinq bandes.

Or, Paul ne s'intéresse au cadeau de son frère que lorsque l'auto est fractionnée en morceaux, comme si, dès lors, elle rejoignait son propre univers. Ce qui lui donne pour la première fois l'occasion de communiquer avec son petit frère.

Cette évolution se traduit de deux façons dans les images. D'une part, dès que Paul s'intéresse aux morceaux de l'auto, les lignes donnant l'impression qu'il est fait de briques s'estompent, puis disparaissent. D'autre part, le nombre de bandes qui divisent les dessins le représentant diminue progressivement : il passe de cinq à quatre, puis à deux. Quant à l'image finale, où Paul et Thomas se tiennent la main, elle n'est plus du tout fractionnée.

PISTES D'EXPLOITATION

• Le personnage de Paul

Après avoir fait découvrir l'album aux élèves, on leur demande de décrire le personnage de Paul. On attire leur attention sur la façon dont il est représenté dans les images afin qu'ils appréhendent la notion de personnage destructuré.

• La cause du changement

On fait remarquer aux élèves qu'entre le début et la fin de l'histoire, Paul a changé. Thomas lui-même le dit. On interroge les élèves : qu'est-ce qui a pu provoquer ce changement ? La colère de Thomas ? Le fait qu'il prenne son frère dans ses bras ? Ou l'éclatement de la voiture en morceaux ? Les élèves doivent comprendre ici l'analogie entre l'éclatement de la voiture et le fractionnement intérieur de Paul et en quoi cet épisode ouvre une brèche.

• Les preuves du changement

On demande aux élèves ce qui, dans les images, prouve qu'effectivement Paul change, évolue, à partir du moment où il s'intéresse aux morceaux de la voiture (les *briques*, et le nombre de bandes dans la mise en page).

• • Approche transversale des trois albums

On demandera aux élèves en quoi **les fins** de ces trois albums se ressemblent, afin qu'ils appréhendent la notion de « chute d'une histoire ». Elles ont en commun de prendre à contre-pied ce à quoi le lecteur s'attendait.

Dans *Loup noir*, le lecteur ne s'attend pas à ce que le loup sauve le garçon, ni à ce qu'ils s'étreignent.

Dans *Savoir-vivre,* pareillement, le lecteur ne s'attend pas à ce que la fille et la mère, souriantes, s'étreignent.

Enfin, dans *Paul-la-Toupie*, le lecteur ne s'attend pas à ce que Paul, muré comme il semble l'être, puisse évoluer à la fin. Quant à l'étreinte entre les deux frères, elle précède le changement.

3. Le ton humoristique

Situation

Les jeunes lecteurs ne sont pas tous égaux devant l'humour. Selon Gisèle Tessier[2] :

« *L'humour suppose, pour être apprécié : une lecture correcte de l'image, avant même de la percevoir comme drôle ; qu'on appréhende la drôlerie d'une image, ou celle qui provient d'un texte, ou celle qui provient de leurs relations ; enfin, il tient aux relations entre la partie et le tout, dans la mise en scène personnelle de chaque créateur, de chaque illustrateur.* »

Effectivement, l'humour naît du décalage entre une réalité supposée sérieuse et sa recréation dans l'intention de faire rire. Encore faut-il connaître le modèle de base pour saisir le décalage, et accéder au projet de l'auteur, consistant à amuser le lecteur. Il arrive par exemple que des classes prennent au tragique *Journal d'un chat assassin*, roman d'Anne Fine, et le trouvent difficile du fait que le pacte d'humour n'a pas été compris.

• • Différentes formes d'humour

L'humour langagier joue avec les mots : comptines, calembours, un mot pour un autre, etc. **L'humour de situation** naît du rapprochement incongru de personnages sans commune mesure, ou de la superposition de comportements animaux et humains. Encore faut-il comprendre la situation stéréotypée ordinaire pour rire de son décalage.

L'humour, comme le comique, permet de mettre en scène des thèmes difficiles, voire insupportables, en littérature de jeunesse. Les mêmes sujets, à l'intention des adultes, seraient traités sur un ton tragique. Pour autant, on ne rit pas de tout, mais on sait que le rire exorcise les angoisses, autrement dit qu'angoisse et rire sont souvent mêlés.

Par exemple, un album de Margaret Wild et Julie Vivas, intitulé *Baraquement 18, lit 22*, a été reçu avec difficulté par les adultes, émotionnellement débordés par leur savoir tragique sur le thème, alors que les enfants, plus naïfs à cet égard, percevaient le ton humoristique utilisé. Cet album, dont le sous-titre est *Que la fête commence !*, raconte l'organisation d'une fête dans un camp de concentration. Tous les personnages y sont souriants, et l'histoire s'achève par la libération du camp.

2. *L'Humour à l'école. Développer la créativité verbale chez l'enfant.*

L'apprentissage de l'humour à l'école, avec les albums, donne l'occasion d'exercer son imaginaire créatif dans l'interprétation des images; de prendre de la distance par rapport aux situations; et de construire des pratiques linguistiques variées, en jouant avec les mots.

Les trois albums explorés donnent une idée succincte de la manière d'initier les élèves aux procédés d'humour. Il y en a de nombreux autres.

Exemples

● ● Humour noir

**

La Souris de M. Grimaud
de Franck Asch, ill. Devin Asch
© Albin Michel jeunesse, 2004.

PRÉSENTATION DE L'ALBUM

Dans une grande ville, des chats anthropomorphes mangent dans un restaurant chic dont la spécialité est la souris crue servie sur toast. M. Grimaud, un habitué, apprécie la régularité de son rituel quotidien: assis à la même table, à 12h45, il déguste sa souris grillée.

Ce jour-là, pour fêter une promotion, il commande une souris crue. La souris, très bien élevée, ne conteste pas son sort, mais le retarde en étourdissant M. Grimaud de paroles. Elle demande qu'il lui récite une prière, mais il n'est pas croyant. Elle demande à être dégustée avec un bon verre de vin, mais M. Grimaud ne boit pas. Elle le félicite pour sa promotion, puis au moment où il va planter son couteau, elle obtient de lui de réciter elle-même le bénédicité, à genou sur le bord de l'assiette, avec juste une petite larme polie, dont elle s'excuse. M. Grimaud est ébranlé. Il commande finalement un verre de vin. La souris s'installe sur le toast, tout en lui parlant grands crus.

Finalement, comme elle voit qu'il hésite, après avoir pourtant refusé une seconde fois la proposition du maître d'hôtel de tuer la souris pour lui, elle lui recommande de se bander les yeux avec sa serviette. Il obtempère. La souris dispose alors la queue du chat sur le toast et souhaite bon appétit à M. Grimaud.

Comme il se doit, le chat se coupe la queue. Grand branle-bas dans le restaurant ! La souris en profite pour libérer les souris du garde-manger.

Plus tard, elle écrit une lettre à M. Grimaud, qui la lit sur son lit d'hôpital. Elle regrette les désagréments qu'elle lui a causés, lui souhaite un prompt rétablissement et signe « *Votre amie* ».

Les illustrations sont à dominante noire, rehaussées de gris colorés de vert et ponctuées de touches roses, ocres puis rouges à la fin de l'album. La disposition du texte, imprimé en blanc sur une large marge noire à droite ou à gauche, contribue à l'impression de savoir-vivre qui émane de tout l'album. Impression d'humour noir également, au sens propre comme au figuré.

PISTES D'EXPLOITATION

• L'ironie du sort

À la première lecture, on croit la souris sincère, jusqu'à la double page où elle attrape la queue du chat. Dans un univers si raffiné, elle doit l'être autant que M. Grimaud, pour le berner avec élégance. Et c'est sa vie qui est en jeu. L'ironie de la situation naît du décalage entre l'extrême politesse de la victime et les propositions qu'elle fait afin que son prédateur parvienne à la tuer. Ce qui retarde d'autant plus l'échéance fatale.

Pour que les élèves comprennent le double rôle des propos de la souris, on leur demande de lire à voix haute tout ce qui concerne la souris, dans le récit et les dialogues. Au fur et à mesure, on leur fait relever toutes les notations de vocabulaire et de comportement qui montrent combien elle est bien éduquée. Par exemple : « *C'est rassurant d'être au service d'un client si courtois* » ; « *Je ne voudrais pas vous paraître effrontée, mais puis-je vous demander une faveur ?* » ; ou le fait qu'elle commence le repas par un bénédicité.

Parallèlement, les élèves sont invités à lister les propositions qu'elle fait à M. Grimaud et qui retardent le coup de couteau fatal.

Ce double relevé doit montrer qu'elle utilise le procédé d'ironie pour manipuler son bourreau : elle fait semblant d'être consentante jusqu'à l'extrême, alors qu'elle le mène là où elle veut.

• La caricature d'un bureaucrate

Le personnage de M. Grimaud est une caricature du bureaucrate nanti. Il a le masque rigide de l'homme de pouvoir et le lecteur souhaite évidemment que la souris le démasque en le faisant sortir de ses automatismes.

On fait rédiger par les élèves le portrait de M. Grimaud, à partir du texte et des illustrations. Ils doivent constater que c'est un homme d'habitudes et de principes, bien intégré dans un milieu conservateur. L'humour de la caricature vient du point de vue narratif, qui insiste sur tous les automatismes régissant la vie bien rangée du personnage, mais d'un ton neutre.

Une satire sociale

L'humour a toujours une fonction ludique. Au-delà, selon le type d'humour, un message sérieux peut être délivré. Cet album est un véritable manuel de savoir-vivre diplomatique sur le thème « comment sauver sa peau quand on est toute petite ? ». Au second degré, l'humour nourrit un esprit satirique : M. Grimaud symbolise les riches, la souris les victimes des riches. En cela, l'album se situe dans la lignée de l'œuvre de J. Swift, dont un des ouvrages, *Instructions aux domestiques*, utilise pareillement l'humour noir pour faire comprendre comment la politesse est une langue à double tranchant.

Ainsi, on organise un débat littéraire et philosophique avec les élèves sur l'usage de la politesse : Comment voit-on qu'une personne est polie ? À quoi sert la politesse ? Et, plus largement, qu'est-ce que le « savoir-vivre » ?

Humour des mots

**

Lili Plume
de Natali Fortier
© Albin Michel jeunesse, 2004.

PRÉSENTATION DE L'ALBUM

C'est un été de canicule, mais mademoiselle Lili Plume ne peut pas partir en vacances : trop de travail. Elle cherche un assistant pour l'aider à ranger son Bureau des objets perdus. Les clients défilent. Une grosse dame a perdu sa taille de guêpe. Elle hérite d'une ruche dont elle deviendra la reine. Un garçon a perdu sa clef. Il peut choisir entre la clef des champs, celle du succès et toutes celles du paradis. Un homme a perdu les élections, « *des milliers de voix* » précise-t-il. Mademoiselle Plume a bien la voix d'un chanteur d'opéra et même un bout de voie ferrée, mais cela ne va pas et le client attend que Lili trouve une solution. Au bout de la journée, le politicien est médusé. Il lui propose d'être son assistant. Mademoiselle Lili est ravie. Elle lui fait visiter le magasin, un bric-à-brac impressionnant. Pourtant, une pièce est la plus triste de l'entrepôt : celle des peines perdues, conservées dans des bocaux. Des peines inutiles et qui prennent trop de place selon mademoiselle Lili, qui décide d'aller les jeter à la mer. Cela tombe bien, il fait tellement chaud cet été-là que la mer s'est évaporée. Les larmes salées lui redonnent son niveau. Mademoiselle Lili est heureuse : elle ne se laissera plus déborder par les chagrins. Alors, elle se met à rire… aux larmes.

Ainsi, cette situation donne l'occasion au narrateur d'opérer toutes sortes de jeux de mots : à partir des objets de l'entrepôt, des clients… La polysémie des mots est largement exploitée, ce qui crée des situations parfois à la limite de l'absurde.

PISTES D'EXPLOITATION

• Écriture à partir du mot « perdre »

Après avoir fait la liste des articles de l'entrepôt de mademoiselle Plume, les élèves comprennent que le récit est fondé sur le principe de prendre un mot au pied de la lettre. On leur fait alors imaginer d'autres clients qui viennent chercher d'autres choses perdues, du temps, de la patience, un chien, la santé, etc. Les élèves écrivent des textes qui sont autant d'épisodes nouveaux. Évidemment, mademoiselle Plume essaie de trouver des solutions.

• Le Bureau des peines perdues

On fait réaliser le Bureau des peines perdues : les élèves recopient les peines perdues citées dans le livre et les exposent dans des bocaux. Ils discutent alors sur l'expression « c'est peine perdue », et sur la solution, pragmatique et philosophique, de jeter les peines perdues à la mer pour ne plus en être encombré.

Enfin, on peut faire observer la dernière image pour trouver l'expression qui est illustrée (« rire comme une baleine »). Ce qui peut donner lieu à une recherche sur les différentes façons de rire.

• Trouver la bonne clef

Pareillement, le mot « clef » admet nombre de compléments. Faire réaliser la pièce des clefs perdues : clef de sol, clef à mollette, clef du mystère, clef du succès, etc. Faire en sorte que, plastiquement, les clefs ressemblent à leur usage supposé.

• • Humour absurde

*

Mon chat le plus bête du monde
de Gilles Bachelet
© Seuil jeunesse, 2004.

PRÉSENTATION DE L'ALBUM

Le narrateur a un chat. Il en décrit la vie quotidienne dans le texte : il ne mange ses croquettes que si on les lui sert dans sa gamelle, il dort partout sauf où il faut, il «*oublie*» de s'essuyer les pattes avant de grimper sur les tableaux de son maître, peintre. Puis le comportement du chat dégénère : il fait ses besoins à côté de sa caisse, il se lave avec l'eau des cabinets, et surtout, il ne sait pas retomber sur ses pattes. Son maître l'a peint de toutes les manières, sans vendre un seul tableau. Le narrateur se demande s'il n'aurait pas dû choisir un chat «*avec un pelage plus gai*». Enfin, un ami lui offre un livre sur les chats, mais le narrateur ne réussit pas à reconnaître la race du sien.

Et pour cause ! Les images représentent bien toutes les positions que prend un chat pour ses activités quotidiennes. Sauf que le narrateur imagier a dessiné un éléphant en lieu et place du chat. Et comme l'album est de grand format, le lecteur a tout le loisir de voir l'éléphant dans des positions invraisemblables pour ce gros animal. Et forcément, l'éléphant, enfermé dans le loft du peintre, fait toutes les bêtises possibles. Est-ce vraiment le chat qui est le plus bête du monde ou le narrateur ? À moins que l'éléphant se prenne pour un chat. Ou l'inverse. De toutes les façons, il y a contradiction entre le texte et les illustrations, ce qui produit un effet de drôlerie.

PISTES D'EXPLOITATION

• Initiation à la zoologie

Gilles Bachelet répond fictivement à une lettre du directeur du muséum d'histoire naturelle, une sommité en matière de zoologie. L'humour vient du fait qu'un dialogue sérieux s'instaure à partir d'une situation loufoque.

On peut donc faire écrire aux élèves une nouvelle lettre du directeur à l'auteur, qui mettrait en cause les dessins de l'album. Le directeur essaierait de lui démontrer sérieusement, à partir des dessins, que le chat est bien un éléphant. Utiliser un documentaire sur les chats comme aide.

• Pastiche de tableaux

Le personnage, qui est peintre, a représenté son «*chat*» de maintes façons, sans parvenir à vendre ses tableaux. En fait, il a pastiché des peintres très connus. À l'aide de livres d'art, on fait reconnaître les peintres de référence aux élèves. De gauche à droite et de haut en bas : Botticelli, Ben, Chirico, Magritte, Manet, Chagall, Renoir, Matisse, Picasso, Léger, Mondrian, Miró, Cézanne. On fait réaliser une exposition des tableaux de ces peintres, associés aux images de l'album.

On fait remarquer également les noms qui figurent sur les livres, dans l'atelier du peintre, illustrateurs célèbres: Jean de Brunhoff, Benjamin Rabier, Norman Rockwell. Et aussi Magritte, auquel l'humour est emprunté, poussé aux limites: la représentation de l'objet n'est pas l'objet («Ceci n'est pas une pipe»).

• De plus en plus délirant

Reprenant le procédé d'humour initié par Gotlib, Bachelet fait en sorte que l'album soit de plus en plus délirant, jusqu'à cette page absurde, l'avant-dernière à gauche, sur laquelle sont figurés les pelages d'autres animaux. On fait reconnaître les animaux à partir du pelage représenté. Les élèves relisent l'album et sont amenés à remarquer qu'au début, l'éléphant se conduit bien comme un chat, mais qu'à partir de la lettre du directeur du muséum, tout bascule: l'éléphant semble pris de folie douce.

• • Approche transversale des trois albums

Si on lisait les albums étudiés ci-dessus au premier degré, ils donneraient des images pessimistes de la société: les petits sont faits pour être dévorés par les grands; le monde est rempli de peines et il n'est pas trop de la mer pour s'en débarrasser; il n'y a qu'un pas entre l'art et la folie. L'humour permet de faire basculer l'inexorable vers l'espoir, il a valeur d'une philosophie de la vie, en montrant des exemples de relations sociales. La preuve? Le premier album est satirique: la victime triomphe de son bourreau. Le second est optimiste: la poétesse et le politicien soulagent le monde. Et le dernier fait l'éloge de la liberté de création.

On peut demander aux élèves de lire ces trois albums en faisant abstraction du ton humoristique, afin d'en percevoir le versant pessimiste.

4. Des temps emmêlés

Situation

En littérature de jeunesse, la plupart des récits sont racontés d'une façon chronologique, même si, comme nous l'avons vu précédemment, on trouve des passages de temps elliptiques, et d'autres, au contraire, où le temps est dilaté. Dans certains albums, au temps mécanique s'ajoute le temps imaginaire d'un personnage (rêve, jeu du faire semblant, lecture d'un livre...). Et parfois même, l'histoire est racontée à l'envers pour préserver le suspense.

Cependant, on trouve aussi des albums où deux époques sont emmêlées, et d'autres où le temps a deux statuts différents, qui cohabitent.

●● Le double temps du narrateur-personnage

Le narrateur-personnage le plus fréquent raconte au passé une histoire qui lui est arrivée. Dans ce cas, il se scinde en quelque sorte en deux, le narrateur se situant temporellement après la fin de l'histoire, et le personnage agissant au moment de l'histoire. Et même quand la narration est au présent, c'est par convention que le lecteur feint de découvrir les événements en même temps que le narrateur-personnage.

Toutefois, dans la plupart des cas, comme le narrateur se contente de raconter son proche passé de personnage, le moment postérieur auquel il se situe n'a guère d'importance.

En revanche, lorsque le narrateur, adulte, raconte un événement de sa propre enfance, il y a une sorte de mélange entre les deux époques, et l'on a parfois du mal à distinguer ce qui ressortit à la narration (le narrateur adulte) et ce qui correspond au personnage (l'enfant qu'a été le narrateur). Par exemple, dans *Le Petit Frère d'Amkoullel*, d'Amadou Hampâté Bâ, le narrateur met en scène un enfant, limité dans ses savoirs et son lexique – lui-même, quand il était petit. Mais alors, pour préciser les faits, il doit recourir à des formulations comme: «*J'apprendrai plus tard*».

●● Des temps au statut différent

L'interprétation de certains albums ne peut être construite qu'en percevant que deux temps au statut différent y cohabitent, et c'est en les différenciant et en se demandant pourquoi l'auteur les a liés qu'on réussit à proposer des hypothèses interprétatives. C'est par exemple le cas dans l'album *Le Temps des cerises*, de

Philippe Dumas. Le texte est celui de la chanson d'amour de Jean-Baptiste Clément qui, d'une part, ne dure que le temps d'une chanson, et, d'autre part, a été écrite bien avant la Commune de Paris. Les images rapportent chronologiquement ces moments historiques de 1871. Or, à cette époque, *Le Temps des cerises* n'était pas encore perçu comme la chanson de la Commune. Ce n'est qu'ultérieurement, au XXe siècle, que le rapprochement a été fait, notamment parce que Jean-Baptiste Clément a dédié sa chanson à Louise Michel, bien après les événements tragiques, cependant. On peut donc faire l'hypothèse que Philippe Dumas tente de faire percevoir au lecteur comment une chanson d'amour change de statut – en même temps que d'époque.

Exemples

• • Retisser le passé

La Colo
de Rémi Courgeon
© Mango éditions, 2005.

PRÉSENTATION DE L'ALBUM

Le narrateur textuel dit au début avoir retrouvé son «*journal de colo*». L'image le montre assis, en train de lire ce journal; il n'a pas de tête et, à la place, un enfant sort de son corps comme s'il s'en échappait. Le texte dit : « *J'entrais par effraction dans les secrets de ce petit Moi oublié. L'été de mes neuf ans courait sur le papier, s'échappait d'entre les fautes d'orthographe et éclatait dans ma tête en fines bulles de mémoire.* »

Les doubles pages qui suivent racontent des moments particuliers de cette colo du passé, sous forme de brèves nouvelles illustrées. Des moments forts: une fillette se blessant en jouant à la pichenette, l'ombre des baisers du moniteur avec la monitrice des filles, une souche lumineuse dans le noir, la découverte d'un cadavre lors d'une sortie en canoë, etc.

Toutes ces scènes, traitées sur le mode tragi-comique, sont comme des motifs qui resteraient vifs dans une tapisserie passée, et d'ailleurs de nombreux fils les relient: mêmes personnages, procédés stylistiques, ton...

Les temps s'emmêlent, cependant, car c'est le narrateur adulte qui prend en charge ces courts récits supposés extraits du journal de colo. On y reconnaît le même style que dans la page d'introduction, et on n'y trouve pas les fautes d'orthographe annoncées. Autrement dit, le narrateur adulte reconstruit le passé de l'enfant qu'il a été.

La dernière double page est un retour au temps du narrateur adulte : « *La sonnerie du téléphone m'a tiré de mes rêveries.* » C'est son fils, Mathias, qui l'appelle depuis sa colo. L'enfance du narrateur se rejoue donc dans sa descendance et, effectivement, Mathias raconte à son père une anecdote, comme dans les pages qui précèdent, sauf qu'il s'agit d'une anecdote banale, en style parlé, ce qui permet d'autant mieux de mesurer le rôle du narrateur dans la reconstruction de son propre passé.

L'image est aussi singulière que celle du début. Cette fois, le corps du narrateur est scindé en deux, verticalement; à gauche, une moitié de l'adulte, à droite, une moitié de Mathias, tous deux au téléphone, tandis que le décor, à gauche, est celui de la maison, à droite, celui de la colo du fils.

PISTES D'EXPLOITATION

• Le début et la fin

Les élèves découvrent eux-mêmes l'album, après quoi on leur demande de commenter la première double page et la dernière, texte et image, autrement dit les scènes représentant le présent du narrateur. Des questions se posent, en particulier:

– Comment interpréter les «*bulles de mémoire*» qui éclatent dans la tête?
– L'image de l'enfant sortant de l'adulte signifie-t-elle qu'on porte toujours son enfance en soi? Qu'elle s'en échappe parfois?
– Y a-t-il une filiation entre la propre enfance du narrateur et Mathias?
– À partir de l'anecdote de la salamandre, Mathias sera-t-il en mesure, devenu adulte, de raconter une histoire similaire à celles que contient l'album?
– Quel est le cadeau que le père réserve à son fils?

• Transcrire une histoire

Comme nous l'avons vu, l'écriture des histoires ne correspond pas à celle d'un enfant de neuf ans, et c'est là que les deux temps s'emmêlent. On propose donc aux élèves de choisir l'une d'entre elles et de la récrire, au présent, comme si elle était extraite d'un journal de colo écrit par eux.

• La tapisserie du passé

Afin que les élèves perçoivent la façon dont le narrateur reconstruit le passé, en tissant des fils entre toutes les histoires, on leur fait approfondir les procédés utilisés dans l'une d'elles, en recherchant les mêmes dans d'autres textes. Par exemple, pour *Histoire pagaie* :

– Le jeu de mots du titre. On en trouve un autre sur le nom des personnages : « *Un demi Lagneau égale deux Choufleur* » (dans *Lagneau*).

– Une impression remémorée : « *Nous glissions [...] feuillage transpercé par le soleil* ». On en trouve dans tous les textes, par exemple les bruits de la nuit, dans *La Souche* : « *Ululements. Froissements. Craquements* ».

– Des figures de style comme « *on but quelques tasses pimentées de têtards* » parsèment les autres textes : « *les yeux ensablés* » dans *L'O'Bull*...

– Des personnages récurrents, Têtdanchois, Lagneau, Lila, la mono, se retrouvent dans d'autres histoires.

– L'humour : ce n'est pas le cadavre qui arrache un cri d'horreur aux enfants, mais la nausée de la monitrice. Même type d'humour dans *La Pichenette* ; Lila vient de se planter le couteau dans le pied et déclare que sa mère va la gronder quand elle découvrira « *son onzième doigt de pied* » !

– Etc.

● ● Un premier chagrin d'amour

Libellule
de Didier Jean & Zad
© L'atelier du poisson soluble, 2005.

PRÉSENTATION DE L'ALBUM

Le narrateur revient sur une place qu'il a connue jadis. Des enfants y jouent, comme autrefois. Peu à peu le passé ressurgit, les copains, leurs jeux. Soudain, il se souvient de Libellule, l'objet de son premier chagrin d'amour. Il pensait l'avoir oubliée. Il se rappelle les poèmes qu'il lui écrivait, et qu'il n'a jamais osé lui donner, ses émotions, son chagrin en voyant Libellule donner la main à un autre garçon.

Il s'apprête à quitter la place quand apparaît une petite fille qui ressemble beaucoup à la Libellule d'autrefois, et semble « *venir du passé* ». Voyant alors une jeune femme s'approcher de la fillette, le narrateur comprend que son amour d'enfance est devenu maman. Mais elle ne le reconnaît pas ; c'est parce qu'il a trop peu compté pour elle, pense le narrateur.

Les illustrations sont des tableaux de Zad, où les personnages sont des silhouettes en mouvement, et où les couleurs sont souvent sombres (bleus, bruns, noirs) et pourtant éclatantes de lumière – peut-être une façon de symboliser le passé. Certains moments sont décomposés en mouvements simultanés ou successifs, par une division de l'espace, des cadres, des bandes, ce qui fait que le temps des actions est intégralement pris en charge par les images. Dans d'autres images, au contraire, les personnages sont reliés entre eux, comme le passé au présent, ici.

Et ce sont justement les images qui créent cette impression de superposition entre le passé du narrateur et son présent, car on ne parvient pas toujours à distinguer les deux époques.

PISTES D'EXPLOITATION

• Les étapes de la superposition des temps dans le texte

Après avoir fait découvrir l'album aux élèves, on leur demande de s'intéresser d'abord au texte, pour voir comment le narrateur retourne dans son passé puis revient au présent.

– D'abord, il ne reconnaît rien, sur cette place.

– Puis il remarque un point commun entre le présent et le passé: ce sont les enfants qui «*jouent à l'ombre des platanes*», comme avant.

– La petite musique du jeu, «*1... 2... 3... soleil!*», le marchand de glaces qui arrive, les enfants qui jouent, le soleil, font revenir le narrateur «*des années en arrière*». Et la première scène du passé qu'il évoque est la course des enfants vers le marchand de glaces.

– Totalement plongé dans le passé, il se remémore les étapes de son chagrin d'amour.

– Il revient alors au présent, en commentant son histoire d'amour: il regrette de ne pas lui avoir parlé, d'avoir laissé passer sa chance, avant d'évoquer l'effet de l'oubli, avec le visage de la bien-aimée qui s'estompe...

– Cependant, tout comme le narrateur n'a plongé que progressivement dans le passé, il revient au présent progressivement. C'est l'arrivée d'une fillette «*semblant venir du passé*» qui produit cet effet.

– Enfin, comprenant qu'il s'agit de la fille de Libellule, il revient complètement dans son présent.

• Les images du passé et du présent

On propose aux élèves de classer en deux catégories les images, selon que, d'après eux, elles représentent le présent ou le passé du narrateur. Certaines sont faciles à déterminer:

– Pour le présent, quand le narrateur est représenté dans l'image, au début et à la fin, ainsi que l'image représentant le jeu des quatre coins, cité dans le texte.
– Pour le passé, toutes les images qui illustrent les jeux d'autrefois dont parle le narrateur, ainsi que son histoire d'amour.

En revanche, il est difficile de conclure pour les autres illustrations. Par exemple, le regard qui apparaît dans la page où Libellule fait de la balançoire est-il celui de l'enfant amoureux qu'il a été, ou celui, étonné, de l'adulte, qui se souvient ?

Les élèves sont invités à débattre sur l'effet que produit, sur le lecteur, ce type d'indétermination : les pistes sont brouillées, en quelque sorte, pour amener le lecteur à rentrer plus facilement dans le souvenir du protagoniste...

● Le temps séquentiel

Pour faire découvrir aux élèves que la temporalité fine des événements est prise en charge par les images, on leur demande d'observer chacune d'elles et de dire si elles représentent un moment unique ou plusieurs. Par exemple :
– Les filles qui jouent à « 1... 2... 3... soleil ! » sont figées en un moment unique.
– La scène où les enfants se précipitent vers le marchand de glaces représente plusieurs moments, puisqu'ils jouent au ballon d'abord, puis courent tous dans le même sens ensuite.
– Les scènes de la marelle, de la balançoire et de la corde à sauter décomposent le mouvement.
– Etc.

●● Quand le temps change de nature

Le Petit Peuple du manège
de Marie-Sabine Roger,
ill. Cécile Gambini
© Nathan, 2003.

PRÉSENTATION DE L'ALBUM

En bordure de mer, une ville abandonnée qui «*chavirait peu à peu dans le silence*». Le sable a envahi les rues, les volets claquent, le jardin public est devenu «*une forêt étrange, pétrifiée de cristaux de sel*»... Le temps de cette ville désertée connote l'éternité en même temps que la dégradation. On a l'impression que rien ne peut interrompre ce processus inexorable.

Dans le jardin, il y a un manège avec «*sept montures magnifiques: licorne, mouton, vache et lion, zèbre, dragon et cochon rose*». Prenant vie, ces montures se détachent du manège, devenant libres, mais se lamentent sur leur sort. Au loin, elles aperçoivent la nouvelle ville, moderne, et son parc d'attractions. Décidant d'aller y voir de plus près, «*le petit peuple du manège*» découvre, dans une décharge, trois enfants dormant sous un abri de fortune. Ces derniers prennent l'initiative de réparer le manège et lui redonnent vie. Le temps de la reconstruction, de l'espoir, affronte celui de la dégradation inexorable et finit par en triompher, comme le révèle la dernière phrase de l'album : « *Et dans les rues de la ville de sable, les volets, qui applaudissaient au vent, faisaient moins de bruit que leurs rires.* »

On peut distinguer **trois étapes,** dans ce récit. D'abord, c'est le temps de la dégradation qui domine. Ensuite, un temps de nouveau rythmé se mêle au précédent: «*un beau matin* », «*un beau soir*», «*le soir du sixième jour*» (la recréation dure donc une semaine, comme dans la Genèse)... Enfin, le temps de la reconstruction s'impose.

PISTES D'EXPLOITATION

• Le temps de la dégradation

Cet album étant long et son style très imagé, on le fait lire plusieurs fois par les élèves avant de leur proposer la première activité, consistant à relever, dans le texte, tout ce qui suggère que la vieille ville est vouée à la disparition, rongée par un temps illimité. On leur demande alors quelles émotions cela suscite en eux, et à quoi cela les fait penser: la mort, l'abandon, le pourrissement...

• La reconquête du temps

À partir du moment où «*le petit peuple du manège*» prend sa liberté, on fera relever, en deux colonnes, les mots et expressions qui, d'une part, connotent le temps de la dégradation (illimité, destructif...), et, d'autre part, celui de la reconstruction (temps rythmé, espoir...):

Temps de la dégradation	Temps de la reconstruction
«*Le sable étouffait l'écho de leurs pas*» «*L'ennui*» «*La ville déserte*» «*Le sable, qui montait à l'assaut de la ville*» «*Vieux, usés*» etc.	«*Un beau matin*» «*Un jour poussant l'autre*» «*On partirait le lendemain*» «*Pour la première fois de sa vie, il prit une grande décision*» etc.

● Le temps retrouvé

À partir de «*Les gosses étaient bricoleurs*», on fait résumer par les élèves tous les actes effectués par les enfants pour redonner vie au manège, actes qui rythment de nouveau le temps. Enfin, on leur fait commenter la dernière phrase de l'album, où le triomphe du temps retrouvé est connoté à la fois par l'assimilation du claquement des volets à des applaudissements et par le fait que les rires dominent.

● ● Approche transversale des trois albums

Dans ces trois albums, le phénomène de l'oubli est évoqué d'une manière différente. Il s'agit donc de demander aux élèves de trouver, dans chacun d'eux, les passages qui suggèrent l'oubli.

Dans *Libellule*, le narrateur en parle explicitement: «*À cet instant surgit de ma mémoire [...] je croyais avoir oublié*», et, plus loin, il décrit le phénomène: «*Son beau visage se brouilla, s'estompa*».

Dans *La Colo,* c'est une métaphore, celle des «*bulles de mémoire*» qui connote l'oubli, car les bulles, ça éclate facilement, et il n'en reste rien.

Dans *Le Petit Peuple du manège*, il s'agit également d'une figure de style. À la fin de la première description de la ville abandonnée, il est dit qu'elle «*chavirait peu à peu dans le silence*». Or, quelques lignes plus haut, il est question des volets qui claquent interminablement. Le silence ne doit donc pas être pris au sens propre, mais au sens figuré d'oubli.

5. Intertextualité, intericonicité, interculturalité

Situation

Le phénomène de l'intertextualité est aujourd'hui bien connu: c'est une façon, dans une œuvre (l'hypertexte), de renvoyer à une œuvre précédemment parue (l'hypotexte) et souvent célèbre. Ce qui peut se faire principalement de quatre façons:
- la réécriture complète, généralement parodique en littérature de jeunesse;
- la citation ou le collage: des mots ou des images sont reproduits à l'identique;
- la référence à un univers littéraire connu;
- l'allusion.

Par exemple, *Le Piano des couleurs*, un album de Massin illustré par Laure, raconte l'histoire d'un «*garçon qui entendait les couleurs et qui voyait les sons*».

On trouve, dès la première page, la citation «*Ça n'existe pas, ça n'existe pas!*», qui, dans le célèbre poème de Robert Desnos, qualifie une fourmi de dix-huit mètres. Plus loin, on trouve une allusion aux voyelles colorées d'Arthur Rimbaud. Il est question également d'un «*piano des couleurs*», qui peut être une référence au «piano-cocktail» de Boris Vian, dans *L'Écume des jours.*

Souvent, on se demande si ces références intertextuelles sont délibérées de la part de l'auteur, auquel cas elles peuvent fortement orienter l'interprétation, ou si elles sont involontaires, et l'on peut dire dans ce cas qu'une partie du patrimoine littéraire a été intériorisée par l'auteur, qui y fait référence inconsciemment. Dans cet album, Massin propose un texte final intitulé «*L'audition colorée*», où il révèle que les citations et l'allusion sont tout à fait délibérées, et le lecteur en découvre d'autres, plus savantes, qui lui avaient échappé. Cependant, dans ce texte, il n'est nullement fait référence à Robert Desnos, qui pourrait être une citation involontaire.

Évidemment, plus le lecteur est savant et plus il est à même de repérer les intertextes, qui lui permettent un dialogue privilégié avec l'auteur, puisque l'intertextualité ouvre au lecteur la bibliothèque intime de l'écrivain.

Mais il ne faut pas voir dans la lecture intertextuelle un procédé élitiste. En fait, tous les textes dialoguent entre eux, et certains le font de manière délibérée, voire ludique. C'est ce procédé qui permet la transmission du patrimoine littéraire; la légende arthurienne, les contes de fées, les fables, sont fréquemment repris. On peut trouver aussi des comptines, des chansons... Dans les albums, on trouve fréquemment des citations de tableaux, des références à des dessins animés et plus généralement à l'univers de l'image.

L'intertextualité constitue donc un moyen d'acculturation privilégié pour les enfants. Au fil des lectures, l'enseignant leur fait remarquer les liens du texte avec un texte antérieur, et lorsque, plus tard, ils rencontrent l'hypotexte, ils le reconnaissent comme faisant déjà partie de leur culture. L'intertextualité est aussi une invitation à découvrir les œuvres citées.

Lorsqu'il s'agit des images, on parle volontiers d'intericonicité, et si les autres arts sont concernés, il s'agit d'interculturalité.

Exemples

● ● Un album intertextuel

L'Étoile de Léa
de Patrick Gilson
ill. Claude K. Dubois
© Mijade, 2005.

PRÉSENTATION DE L'ALBUM

Dans une partie précédente, nous avons évoqué les albums qui traitent de sujets graves ou tabous. En particulier, ces deux dernières décennies, les albums parlant aux enfants de la mort se sont multipliés. Bien que la lecture de l'un d'entre eux puisse provoquer de fortes réactions affectives, nous avons décidé d'en présenter un qui, à sa façon, relativise la mort, ou aide au deuil.

Cet album raconte la maladie et les derniers jours d'une petite fille, Léa, qu'accompagne jusqu'au bout son copain Baptiste. La maladie reste implicite, et il faut la déduire des informations successives. Pareillement, la mort de Léa reste implicite : on l'apprend par les pleurs de la mère suite à un coup de téléphone.

Cependant, cette histoire tragique peut être relativisée grâce à son intertextualité avec *Le Petit Prince*, d'Antoine de Saint-Exupéry. Le livre est explicitement cité dans l'album. Il est dit que Léa le connaît par cœur. Ce n'est pas le cas du narrateur textuel, car le résumé qu'il en fait laisse à désirer : «*C'est l'histoire d'un petit prince qui aime les étoiles. Il les appelle toutes par leur nom*». Cette dernière phrase est inexacte. En revanche, tout comme le petit prince indique à son ami qu'il se trouvera sur une étoile, Baptiste identifie l'une des étoiles à Léa, «*la petite étoile bleue*». En fait, il reprend la formulation de Léa elle-même, qui le lui a dit la veille de sa mort en désignant l'étoile bleue. Baptiste avait alors dit : «*Elle attend que quelqu'un lui donne un nom*».

Ce que la référence au *Petit Prince* ajoute à l'album, c'est un doute sur la mort elle-même. En effet, dans le livre de Saint-Exupéry, le petit prince déclare : «*J'aurai l'air d'être mort et ce ne sera pas vrai...*». Alors, est-ce aussi le cas pour Léa ? Un élément du récit le laisse entendre. Juste avant que le téléphone sonne «*en bas*», Baptiste observe le ciel : «*Il n'a jamais vu les étoiles briller ainsi*». Et il pense alors que dans le ciel, «*là-haut*», on fête quelqu'un d'important.

PISTES D'EXPLOITATION

• Identifier la maladie de Léa

On fait relever chronologiquement tout ce qui concerne la maladie de Léa. Cela commence par «*Elle est à l'hôpital depuis hier soir*», la maîtresse dit qu'elle «*souffre d'une grave maladie*», et quand Baptiste demande si elle va mourir, la maîtresse répond: «*Personne ne le sait*». À l'hôpital, Léa elle-même annonce la chute de ses cheveux, le narrateur textuel dit qu'elle est fatiguée, puis qu'elle a beaucoup maigri. Enfin, Léa confie à Baptiste qu'elle ne vivra plus longtemps. À partir de ce moment, il n'est plus question de la maladie, Baptiste et Léa jouent... jusqu'à la fin.

On demande aux élèves quelle est la maladie de Léa, puis pourquoi elle n'est plus évoquée dans le dernier tiers de l'album.

• Découvrir l'intertextualité

On fait lire aux élèves *Le Petit Prince*, en leur demandant quel point commun il y a avec *L'Étoile de Léa* (les étoiles). On peut également voir avec eux si le résumé proposé dans l'album est conforme à l'œuvre de référence.

• Débat interprétatif

On propose aux élèves de débattre sur la conclusion de l'album, par référence à celle du *Petit Prince*. Léa est-elle devenue une étoile, comme le dit Baptiste? Autrement dit, la mort est-elle une transformation plutôt qu'une fin? Mythes, légendes et croyances religieuses ne manqueront pas d'être évoqués par les élèves. On attire leur attention sur la fête stellaire perçue par Baptiste et, à cet égard, on peut lire la fin de *La Petite Fille aux allumettes*, qui repose sur la même problématique.

• • Un album intericonique

**

Le Type
Philippe Barbeau
ill. Fabienne Cinquin
© L'atelier du poisson soluble, 2000.

PRÉSENTATION DE L'ALBUM

L'album propose au lecteur un double jeu littéraire. D'une part, le sous-titre «*Pages arrachées au journal intime de Philippe Barbeau*» laisse accroire qu'il s'agit d'un récit autobiographique. Or, le contenu de la semaine racontée, du lundi au dimanche, n'est manifestement pas compatible avec l'extrait de la biographie de l'écrivain, à la fin du livre. D'autre part, après la page du dimanche, le journal évolue en récit. L'album juxtapose donc un faux journal et un récit à la première personne.

Lundi. Le narrateur fait une promenade bucolique, la tête légère. Il remarque un type qui lui semble bizarre: c'est parce qu'il ne sait pas sourire. Et, écrit-il, «*Moi, rien ne m'énerve plus qu'un type qui ne sait pas sourire*», alors il lui jette un caillou, tout petit. Le type dit que cela fait mal. Le narrateur répond qu'il n'a qu'à sourire. Le type s'étonne, car il ne sait pas ce que c'est.

Mercredi. Même état d'esprit du narrateur lors de sa promenade. Cette fois, le type ne sait pas rêver. Il reçoit une pierre un peu plus grosse. Le dialogue est calqué sur le précédent: le type ne sait pas ce qu'est rêver.

Vendredi. La scène se reproduit à l'identique. Le type, qui cette fois contrarie le narrateur parce qu'il ne sait pas aimer, reçoit de lui un pavé, pas plus gros qu'un melon.

Dimanche. Le narrateur écrit, sur fond de paysage aquarellé orageux, qu'il est vraiment mal. Il jette au type qui ne savait ni sourire, ni rêver, ni aimer, un rocher, pas plus gros qu'une citrouille. Mais le type se baisse et c'est le chapeau d'une vieille dame qui reçoit le projectile. Laquelle s'insurge. Le narrateur, dérouté, découvre que la vieille dame, elle, sait sourire, rêver, aimer. Abasourdi, il lui demande comment elle a appris. Elle lui raconte des histoires, dans un paysage où l'on peut jouer à découvrir, caché dans le dessin, un dragon allongé (référence à Dali). Le narrateur se fera conteur, au lieu de jeter des pierres (jeu de mot sur «jeter la pierre à quelqu'un»).

L'illustratrice a pris le parti de dialoguer avec le texte par l'intermédiaire du peintre Magritte: elle est en parfaite complicité avec son art pictural, mais aussi avec sa philosophie de l'image. Comme lui, elle pratique le collage, ce qui sert richement la partie «journal intime», qu'elle interprète en carnet de croquis. Enfin, elle saisit toutes les occasions de jouer avec les mots et les images.

PISTES D'EXPLOITATION

● Le carnet de croquis

Le carnet de croquis est à l'image ce que le journal intime est à l'écriture: on y trouve des collages qui, rapprochés, font sens: l'objet-livre imite un vieux cahier aux pages quadrillées et l'illustration et le texte sont mêlés. L'impression de pris sur le vif est due aux différentes techniques utilisées, que l'on fait trouver aux élèves : dessins aquarellés, croquis naturalistes, esquisses au crayon à papier, vrais objets fixés par des trombones, objets usuels légendés au crayon, qui sollicitent les cinq sens. On peut reprendre ces techniques pour illustrer des histoires écrites par les enfants.

• Hommage à Magritte

Pour mener cette activité, se procurer des revues d'art sur le peintre René Magritte. La connaissance du peintre doit permettre à l'enseignant d'initier les élèves à sa philosophie de la peinture : selon lui, entre le visible et l'apparence, l'invisible et ses pensées, il y a place pour un contrat poético-pictural. C'est bien ce qui se passe dans l'album : il y a un hiatus entre ce que le narrateur perçoit du type et la réaction de violence mécanique, comme si le type était un objet. Les deux personnages ne semblent pas dotés de pensée. C'est la vieille dame qui offre la pensée imaginaire au narrateur. Elle-même est inspirée du style de Chagall, dont Éluard écrivait : « *Rien que des fenêtres les nôtres / D'où sort la vie où tout pénètre / Partout le centre de l'Amour / Sans cesse le premier regard* ». Il s'agit bien en effet de réfléchir avec les élèves sur le rapport à l'amour de l'autre au premier regard.

Une autre piste à explorer est celle de l'image du type, citation de cette figure célèbre de Magritte, inspirée du costume de Charlie Chaplin (costume strict et chapeau melon). On étudie ses variations : face, dos ; extérieur, intérieur ; montré, caché ; jour, nuit ; etc. Bien d'autres parallèles peuvent être faits si l'on dispose de reproductions et de textes écrits par Magritte.

• Jeux d'illusions

Magritte jouait avec les relations entre les objets et les mots, entre la réalité et ses représentations. En voici quelques exemples, à découvrir avec les élèves :
- intérieur/extérieur : à la page de garde, le type est « découpé » et son « intérieur » est remplacé par l'extérieur, le ciel ;
- visible/invisible : le gland de la première page est représenté en coupe (on voit sous la terre) ;
- enfermement/liberté : à la page du mercredi, la plante rouge représentée s'appelle « l'amour en cage » ;
- réel/imaginaire : à la page suivante, un collage de vraie plume d'oiseau fait écho aux ailes du type-ange ;
- logique/absurde : le type prend une pierre en plein nez ; parallèlement, le narrateur dessine le fond de ses poches et y trouve un mouchoir ;
- jeu de mots/jeu d'images : le chapeau melon fait partie des melons, remplacé par des larmes en forme de pépins (pépins signifiant familièrement ennuis).

●● Un album interculturel

Georges Lebanc
de Claude Ponti
© l'École des loisirs, 2001.

PRÉSENTATION DE L'ALBUM

Georges Lebanc est un banc qui vit dans un square parisien. Un square très particulier où, selon l'heure, il se passe des événements sortant de l'ordinaire, mais rituels dans l'univers fictionnel. Les personnages qui les vivent sont étranges : Rats Kmaninotts mangeurs de notes ; les sept sœurs Toupareil (qui ne sont en réalité qu'une même personne), qui ont épousé sept frères Homaime ; les Géants de la Vie, qui dansent pour les nouveau-nés ; Anaïs P. qui affronte *« l'horrible Dragon Barbizéboth »* ; etc. Et il y a même un extraterrestre égaré. Presque chaque fois, le narrateur raconte la biographie des personnages, plongeant dans le passé, alors que les événements se suivent, à des heures précises, indiquées à la fois par le texte et par l'horloge, élément de décor presque intangible alors que tout le reste change constamment, faisant défiler divers monuments parisiens ou d'autres pays.

Cet album regorge d'allusions à des références de toutes sortes : autres livres, géographie, cinéma, musique, dessins. Par exemple, huit loups s'appellent *« Lou Hihin, Lou Hideu, Lou Hitroi »*, etc., ce qui rappelle le poème de Prévert « Les Belles Familles », qui commence par : *« Louis I / Louis II / Louis III... »*, poème qu'on peut faire découvrir aux élèves. Un autre personnage se nomme Firmin Gellant, et n'arrête pas de courir, ce qui fait penser à Forest Gump, qui porte les mêmes initiales. Dans une autre scène, il est dit que deux personnages ont eu *« le même gros Nounours »*, petits, et l'un d'eux se prénomme Nanik. Comme l'une des images représente des esquimaux et des Eskimos, il s'agit probablement d'une évocation de *Nanouk l'Eskimo*, un roman de Carlo Wieland popularisé par Paul-Émile Victor. Quant aux moutons représentés page 33, ils ressemblent beaucoup, par leur dessin, leurs expressions et leurs jeux, à ceux de la série *Le Génie des alpages* (bande dessinée), de F'murr.

En fait, toutes ces références interculturelles confirment la magie du square, en particulier ce qu'on en dit à la dernière phrase de l'album: «*il est à Paris, et dans d'autres villes en même temps, [...] ici ou ailleurs*».

PISTES D'EXPLOITATION

• Un tour du monde interculturel

On aide les élèves à repérer les allusions culturelles dans le texte de la page 10, et ils en cherchent l'origine géographique dans un dictionnaire. Les «*Rats Kmaninotts*» renvoient au musicien Rachmaninov (Russie). Orphélito Spirito suggère le mythe d'Orphée (Grèce). Les pensées de ce personnage sont «*pleines de bruit et de douceur*», tournure forgée sur le fameux «*bruit et fureur*» de Shakespeare (Angleterre). Quant au volcan «*Fougipopotépelt*», c'est un mot-valise réunissant deux volcans, le Fuji-Yama (Japon) et le Popocatépetl (Mexique).

Un travail similaire peut se faire à partir des monuments qui défilent dans le square.

• Autoréférences

Dans pratiquement tous les albums de Claude Ponti, il y a des références à ses autres livres. Ici, dans un square magique qui, potentiellement, réunit toute la culture de l'univers, c'est d'autant plus légitime. Une double page (pp. 40-41), en particulier, réunit de nombreux autres personnages du même auteur. On demande aux élèves de les identifier, en mettant à leur disposition un lot d'albums de Claude Ponti. Ils doivent reconnaître, notamment, une scène de l'album *Le A*, le héros du *Doudou méchant*, la famille d'*Okilélé*, Blaise, le poussin masqué, etc.

• Interpréter des références intertextuelles

On attire l'attention des élèves sur les oiseaux de la page 12, bien plus dissipés qu'à la page 10. Désormais familiers des livres de C. Ponti, ils remarquent immédiatement l'oiseau au masque rouge, comme Blaise. De même, maintenus par deux oiseaux, les cinq livres aux dos desquels on lit «ADÈLE». On demande aux élèves de chercher une explication. Adèle est l'héroïne des premiers albums de Claude Ponti, qui prenait alors modèle sur sa propre fille. Ici, Georges Lebanc raconte son passé et, à sa façon, l'écrivain en fait autant.

Page 26, un personnage se nomme Émile Héhunnuit. Or cette page est celle des généalogies, des dizaines de noms inventés y sont cités, la plupart fonctionnant sur le mode du calembour: «*Kouglof, père de pain-Ölé...*», «*Jummel, père de Lunett, père de Klac...*». Faut-il alors penser que les *Mille et Une Nuits*, dans l'esprit de l'auteur, sont à l'origine de bien des fictions?

On peut voir aussi, page 32, «*une histoire de vampire suceur de sang, dans les Quatre Pattes* [comprendre: Carpates]», et le livre *Dracula*, représenté à l'image, roman de l'Irlandais Bram Stoker, paru en 1897. Et «*monsieur Hulul*», page 38, renvoie aux albums d'Arnold Lobel ayant le hibou Hulul comme personnage.

● ● Approche transversale des trois albums

Une fois que les élèves ont compris le processus d'intertextualité, après l'étude de ces albums, ils vont chercher dans la bibliothèque d'autres livres dans lesquels figurent des intertextes, au sens large. Ces livres donneront lieu à une présentation et à une exposition. On peut aussi faire rechercher, lorsqu'ils sont accessibles, les textes-sources.

6. Qui anime les marionnettes?

Situation

On compare souvent l'écrivain à un marionnettiste; bien caché lui-même, il anime ses personnages, tout en faisant croire à leur libre arbitre (l'illusion référentielle), et il prévoit aussi les réactions du public, en programmant des effets efficaces. De son côté, le spectateur passe un pacte tacite avec le marionnettiste: croire à la vie autonome des créatures de bois et de chiffon, et ignorer les fils; en échange, il reçoit une histoire portée par des personnages qui provoquent en lui des émotions diverses.

● ● Des questions sur la littérature

La métaphore du marionnettiste suscite des questions fondamentales en littérature, notamment celles-ci:
– Un livre est-il entièrement programmé par un écrivain, d'une façon délibérée, ou bien certains aspects, manipulés par son propre inconscient, échappent-ils au créateur lui-même?
– En programmant ses effets, l'écrivain ne manipule-t-il pas surtout le lecteur? En d'autres termes, puisqu'on a vu qu'un livre requiert la coopération du lecteur, notamment pour en combler les *blancs* et pour l'interpréter, la marge de liberté de ce dernier n'est-elle pas néanmoins fort étroite?

●● L'influence de la société

Cependant, beaucoup d'écrivains ont dit que leurs personnages leur échappent souvent, en cours d'écriture. Au lieu d'agir en fonction du projet initial de l'écrivain, ils se comportent selon leur nature, déterminée par ce qui a déjà été écrit.

Symboliquement, l'album *L'Île du monstril*, d'Yvan Pommaux, met en scène des personnages qui échappent à leurs scénaristes. Deux ragondins se plaignent que les enfants d'aujourd'hui ne soient plus aussi entreprenants qu'autrefois. Deux enfants, Léon et Elvire, surgissent alors et montent dans une barque amarrée à la berge. L'un des ragondins coupe alors la corde, la barque est emportée par le courant et les enfants lancés dans l'aventure. S'ils survivent aux remous, ils échouent dans une île habitée par un terrible monstre. Les dangereux événements à venir échappent donc aux deux ragondins qui ont provoqué l'aventure, ils se sentent coupables et interviennent, à plusieurs reprises, pour améliorer le sort des naufragés. Leur mode d'intervention renforce la ressemblance des ragondins avec l'écrivain tout-puissant dans le cadre de sa fiction : ils font agir la peluche d'Elvire, devenue magiquement vivante.

Quand l'écrivain sent pareillement que ses personnages lui échappent, on peut se demander s'il n'est pas alors influencé par des modèles, des stéréotypes qui ont colonisé sa mémoire, et qui sont issus de la société (livres lus, films vus, etc.). Dans l'album de Pommaux, c'est le modèle de l'île sauvage[3] qui domine.

En fin de compte, pour filer la métaphore initiale, on pourrait dire que, peut-être, la société manipule l'écrivain, qui manipule ses personnages, qui manipulent le lecteur.

C'est sur cette problématique que nous avons fondé l'approche du thème des marionnettes. Sans aller aussi loin, naturellement, mais en souhaitant, pour cette dernière approche des albums, susciter le débat sur ce questionnement littéraire.

Exemples

●● Une liberté relative

Violette et le secret des marionnettes
de Geneviève Brisac, ill. Nadja,
© l'École des loisirs, 2004.

3. Sur cette problématique, voir Christian Poslaniec, *Pratique de la littérature de jeunesse à l'école. Comment élaborer des activités concrètes.*

PRÉSENTATION DE L'ALBUM

Violette adore le théâtre de marionnettes, au fond du parc. On y joue *Les Fées*, son spectacle préféré. Mais la jeune fille qui s'occupe d'elle refuse qu'elle y assiste. Violette s'éloigne subrepticement, se perd dans le parc, et y est enfermée le soir. Dans la nuit, elle voit une lueur au loin et s'approche. C'est le théâtre de marionnettes. Ces dernières ont une vie autonome la nuit et elles discutent de leur «*besoin de liberté*». Violette se joint à elles, et leur raconte «*toutes les histoires*» qu'elle connaît. Au matin, quand le marionnettiste arrive, il trouve Violette endormie, mais ses marionnettes ont disparu.

Plus tard, Violette part en vacances au bord de la mer. Elle remarque une affiche annonçant: «*Spectacle de contes de fées*». Sa mère accepte de l'y emmener. À la fin du spectacle – non représenté dans les images –, Violette, à l'étonnement de sa mère, veut saluer les acteurs. L'image révèle alors qu'il s'agit des marionnettes, devenues des personnes.

Dans l'image qui représente les marionnettes ayant pris vie, la nuit, on reconnaît des personnages de contes. À la fin, bien que devenus humains, ils n'ont pas changé, sauf que les cochons portent des masques. Or, on l'a vu, ils jouent un spectacle de contes de fées. Dans ces conditions, peut-on dire qu'ils ont accédé à la liberté qu'ils revendiquaient? Ils restent plutôt prisonniers des stéréotypes qui leur ont donné leur nature de marionnettes.

PISTES D'EXPLOITATION

● Un casting pour de nombreux contes

On fait découvrir l'album aux élèves jusqu'au passage où les marionnettes prennent vie, la nuit. On leur demande alors d'énumérer ce que représentent celles-ci, en les numérotant. Par exemple: 1. une fée, 2. une jeune fille blonde, 3. un loup, 4. un prince, 5. le Petit Chaperon rouge, 6. Peau-d'Âne, 7. trois cochons, 8. un nain. Ensuite, on leur proposera de faire la liste des contes connus qui peuvent être joués avec ces marionnettes, en indiquant chaque fois lesquelles. Par exemple:

– *Le Petit Chaperon rouge* (5 + 3).
– *Peau-d'Âne* (6 + 4).
– *Les Trois Petits Cochons* (7 + 3).
– *Cendrillon* (2 + 1 + 4).
– *Blanche-Neige* (2 + 1 + 4 + 8).
– Etc.

On remarque ainsi que les personnages peuvent revenir dans plusieurs contes.

• Les fées

On fait lire aux élèves le conte de Perrault, *Les Fées*. Une veuve a deux filles, l'aînée, bien-aimée, aussi désagréable que sa mère, la cadette, détestée, belle, douce et «*honnête*». En allant puiser de l'eau, la cadette rencontre une pauvre femme qui lui demande à boire. La «*belle fille*» s'exécute courtoisement. Or la pauvre femme est une fée déguisée et elle accorde à la cadette un don: des fleurs et des pierres précieuses sortiront de sa bouche quand elle parlera. Découvrant cela, la veuve envoie sa fille aînée à la fontaine. C'est une «*dame magnifiquement vêtue*» qu'elle y rencontre. Ne l'identifiant pas comme la fée rencontrée par sa sœur, elle se montre fort discourtoise. En punition, chaque fois qu'elle parlera, des serpents et des crapauds sortiront de sa bouche. Pour finir, la mère chasse sa cadette qui rencontre un prince et l'épouse.

On demande alors aux élèves si les marionnettes présentes dans le théâtre permettent de jouer *Les Fées*. La jeune fille blonde peut jouer la sœur cadette, il y a le prince et la fée, mais il manque au moins la sœur aînée. Or, cette pièce a été jouée, comme on le voit dans le texte et sur l'image représentant l'affiche. Alors quelle interprétation proposer? La marionnette jouant le rôle de l'aînée s'est-elle déjà enfuie? Ou est-ce Peau-d'Âne, habillée autrement, qui joue ce rôle?

• Le désir de liberté

Après avoir fait lire tout l'album aux élèves, on revient à la scène où Violette parle avec les marionnettes: quel est le plus profond désir de ces dernières? Puis on propose un débat sur la fin: les marionnettes, devenues des personnes, ont-elles trouvé réellement la liberté ou continuent-elles à agir comme précédemment? À cette occasion, *Pinocchio* peut être évoqué.

• • L'ombre du manipulateur

Qui est au bout du fil?
de Claire Franek
© Éditions du Rouergue, 1996.

PRÉSENTATION DE L'ALBUM

Cet album est construit sur une suite de trois doubles pages dont la maquette se répète, du lundi au vendredi, mais diffère pour le samedi. La première double page montre des personnages dans des vignettes, d'autres hors vignettes, et le texte ne comporte que des questions: «*Qui fait danser Lili?*»... La deuxième double page est constituée, à droite, d'une image où apparaît un seul personnage, et où se profile l'ombre du marionnettiste; à gauche, le texte comporte deux questions, sur Lili toujours. La troisième double page comporte une seule question, «*Qui rentre chez lui tard tous les lundis soir?*», et l'image s'étend de gauche à droite, représentant un bout de rue et la silhouette, semblable à une ombre, du marionnettiste. Au fil de l'album, pour cette troisième double page, le nom du jour change, et une nouvelle portion de la rue est représentée.

Le samedi, le marionnettiste est représenté arrivant à sa porte ; les pages suivantes le montrent ôtant son déguisement d'ombre et révèlent qu'il s'agit de «*Monsieur Krâlik*». Chez lui, toutes les marionnettes qu'on a vues précédemment sont regroupées dans une sorte de poubelle, et son déguisement d'ombre est accroché à des cintres.

Métaphoriquement, on peut dire que cet album, en écho au «*Je est un autre*» de Rimbaud, montre que celui qui manipule les marionnettes n'est pas la personne qu'on voit à la dernière page, mais un déguisement. Tout comme le narrateur d'une histoire n'est pas l'auteur.

Cependant, il y a un autre enjeu dans cet album: le lecteur ne parvient pas à décider si la réponse aux multiples questions est toujours «le marionnettiste»; ou si parfois les marionnettes agissent d'une façon autonome. Comme s'il y avait un conflit entre les spectacles stéréotypés qui se jouent dans les théâtres de marionnettes et l'envie, pour ces dernières, de vivre leurs propres histoires.

Ainsi, comme dans l'album précédent, les marionnettes représentées se réfèrent à des contes connus: une ballerine vêtue de rouge, un prince, une mère-grand, un loup, un cochon... Cependant, l'histoire cohérente qui se dessine peu à peu est un conflit amoureux entre le prince et le loup, pour le cœur de Lili. Le loup, jaloux, tente de ridiculiser le prince et quand on le voit, tendant les mains au-dessus d'un cochon, comme un magicien, la réponse à la question «*Qui a transformé le prince en petit cochon?*» n'est pas évidente. Plus loin, le loup et Lili sont enlacés, et finalement Lili et le prince se marient et le loup participe à la liesse.

PISTES D'EXPLOITATION

● Des contes sous-jacents

Après leur avoir fait découvrir l'album, on demande aux élèves, comme pour l'exemple précédent (voir p. 168), de faire la liste des marionnettes et de dire à quels contes connus ils peuvent faire référence.

On leur fait alors remarquer que cependant, dans l'album, aucun de ces contes n'est joué. L'affiche du spectacle, qu'on découvre à la fin, ne parle que d'un «*grand spectacle*». En revanche, un élément stéréotypé des contes intervient le samedi: le mariage de Lili avec le prince, ce que confirme la question sur le fait qu'ils eurent beaucoup d'enfants.

● Le conflit amoureux entre marionnettes

On fait relever en trois colonnes tout ce qui concerne le loup, Lili et le prince, dans les textes et les images. On leur demande alors d'interpréter d'abord l'histoire de chacun de ces personnages, puis ce qui se passe entre eux.

● « Je est un autre »

On attire l'attention des élèves sur le marionnettiste, ombre tout au long de l'album et qui, à la fin, ôte son déguisement. On leur demande d'interpréter ce que cela peut signifier, notamment en commentant la dernière image: le marionnettiste est distinct de son déguisement. Les marionnettes ne sont que des objets, d'ailleurs, celles qu'on connaît sont dans la poubelle, et l'homme s'apprête à en façonner d'autres.

Cependant, la création d'un auteur – ici, les marionnettes – peut avoir en partie une vie autonome. Puisque c'est le marionnettiste, déguisé, qui manipule les marionnettes, la seule réponse à toutes les questions posées dans l'album est: le marionnettiste. Cependant, beaucoup de questions admettent en même temps une autre réponse. Les élèves sont donc amenés à les chercher, en justifiant leurs réponses grâce aux images de l'album. Par exemple:

- C'est le loup qui a volé la couronne, on reconnaît sa patte.
- C'est probablement celui qui a plumé la poule précédemment qui a planté la plume dans les fesses du chat.
- C'est sûrement Mère-Grand qui a oublié une chaussette: on la voit la tricoter précédemment.
- Etc.

●● Un spectacle influencé

**

La Princesse de Neige
de Pascal Nottet,
ill. Stéphane Girel
© l'École des loisirs, «Pastel», 1997.

PRÉSENTATION DE L'ALBUM

L'album commence par un spectacle de marionnettes qu'on aperçoit par le hublot d'une péniche. On la découvre ensuite prise dans la glace du canal. Abel, le fils des mariniers, est le marionnettiste. L'une des deux marionnettes se nomme Abel; elle est son double dans le spectacle d'aventures qu'il invente, dont le texte est transcrit en italique. À l'occasion, il dialogue même avec sa marionnette.

En fait, le spectacle inventé par Abel est une transposition fictionnelle de sa réalité:
– La péniche où il habite s'appelle *La Toison d'Or*. C'est aussi le nom de l'embarcation «*prisonnière de la banquise*», dans son histoire.
– Le moment est crucial dans le spectacle car il n'y a plus de vivres. Au même moment, la mère d'Abel l'appelle pour déjeuner et lui annonce qu'après ils iront «*faire des provisions*». Du coup, dans l'aventure fictionnelle, Abel part à la chasse à l'ours et à la baleine.
– Sur le chemin de halage, il voit un paysage enneigé qui se mue fictivement en «*Royaume de Neige*», et il y introduit une princesse suggérée par une fille qu'il vient d'apercevoir. En fait, elle est hors champ de l'image quand Abel se retourne pour la regarder, mais cette rencontre est confirmée par la suite.
– Quand la mère d'Abel lui demande de l'aider à étendre la lessive, son double proclame dans le spectacle qu'il va hisser le pavillon au mât.

Au milieu de l'album, le père d'Abel présente à son fils «*une jolie terrienne*», Alys, la fille du pontier. Alys a vu les marionnettes au travers du hublot, elle aime les histoires, alors Abel lui en raconte une. Une histoire qui contient un message pour Alys: au royaume de Neige vit une princesse. Un jeune marin débarque. Il séduit la princesse en lui racontant des histoires poétiques. Ils tombent très amoureux. Comme ils doivent se séparer, ils font «*le serment de se revoir*». Alys apprécie l'histoire mi-gaie, mi-triste et demande si le marin a tenu sa promesse. Abel répond que s'il a sa fin, elle doit elle aussi avoir la sienne.

Et puis la glace se met à fondre: ils doivent se quitter.

La dernière image, en double page, sans texte, est mystérieuse. Elle représente la péniche et sa chaloupe flottant dans les airs au-dessus du canal. À la proue, on distingue les deux marionnettes: le capitaine et Abel qui, à la page précédente, faisait au revoir de la main, tandis que le dernier texte, en italique, rappelle la phrase de Rimbaud mise en épigraphe au début de l'album: «*Ô que ma quille éclate! Ô que j'aille à la mer!*»

Ce rapprochement permet de faire une hypothèse sur la dernière image qui pourrait bien représenter un bateau ivre, par référence au poème d'Arthur Rimbaud. Une façon de symboliser la joie d'Abel d'avoir rencontré Alys. Cette interprétation s'appuie non seulement sur l'épigraphe, mais sur le fait que les références poétiques de l'histoire que raconte Abel à Alys viennent tout droit du poème « Le Bateau ivre »: «*les azurs verts*», «*les ineffables vents*», «*les hippocampes noirs*», «*les incroyables Florides*».

PISTES D'EXPLOITATION

• Le réel fictionnalisé

Après lecture de l'album, on demande aux élèves pourquoi Abel introduit une princesse dans son spectacle de marionnettes. L'hypothèse qu'il s'est inspiré d'une fille rencontrée repose sur trois faits:
– Dans l'image de la page 9, Abel, retourné, regarde quelqu'un hors champ.
– Quand le père et Alys viennent vers la péniche, Abel aperçoit la fillette par le hublot et fait dire à sa marionnette: «*Abel! Regarde! [...] Elle est là...*», preuve qu'il l'a déjà rencontrée et remarquée.
– Quand on présente Alys à Abel, il déclare qu'ils se sont croisés sur le chemin de halage.

Ensuite, on fait retrouver les autres passages, répertoriés plus haut, qui prouvent que, dans son spectacle, Abel fictionnalise sa réalité.

• Une déclaration symbolique

On demande aux élèves de relire l'histoire que raconte Abel à Alys, et d'en dévoiler le message secret: une déclaration d'amour et une promesse de retour. Abel ne pouvait procéder autrement puisqu'il est timide, il le dit lui-même, ce qui explique pourquoi il s'exprime par l'intermédiaire d'une marionnette.

• Le bateau ivre

On fait remarquer aux élèves que ce que dit Abel à Alys: «*J'ai ma fin, tu dois bien avoir la tienne*», s'adresse peut-être aussi au lecteur, et on leur demande comment ils interprètent la dernière image. On attire ensuite leur attention sur l'épigraphe: n'y a-t-il pas une phrase du livre qui ressemble à cette citation? Enfin, on leur demande de relire encore, attentivement, l'histoire racontée à Alys, avant de leur lire « Le Bateau ivre » de Rimbaud, en leur demandant s'il y a des points communs.

• • Approche transversale des trois albums

On peut s'intéresser à un spectacle de marionnettes en se focalisant soit sur le marionnettiste, soit sur les spectateurs, soit sur les marionnettes. On demande aux élèves de déterminer, dans chaque album, à laquelle de ces catégories appartient le héros.

Dans *Qui est au bout du fil?*, tout converge vers le marionnettiste qui révèle sa vraie personnalité.

Dans *Violette et le secret des marionnettes*, l'héroïne est une spectatrice. Même si elle n'apparaît pas dans ce rôle, le texte indique au début qu'elle a déjà vu *Les Fées* la semaine précédente. À la fin, se sentant dépositaire du secret des marionnettes, elle décide de « *le garder* ».

Dans *La Princesse de Neige*, Abel, le héros, a une double personnalité, puisqu'il est à la fois le marionnettiste et l'une des marionnettes qui porte son nom. Mais c'est cette dernière qui prend le dessus, à la fin, tant dans le texte que dans l'image.

Conclusion

Cette approche de l'album ne prétend pas être exhaustive. Il existe bien d'autres types d'albums – tant ce champ littéraire est riche –, que nous n'avons fait que citer au passage, sans les approfondir. Et bien d'autres pistes littéraires et culturelles que nous n'avons pas explorées ici car elles nous ont paru trop ardues pour les élèves de l'école primaire. Par exemple, à propos du récit, le type épistolaire fictionnel ou la construction en abyme ; à propos des genres, l'autofiction ou l'utopie ; à propos de la narration, le cas du narrateur mystérieux ou celui du narrateur peu fiable ; etc.

Parmi les albums que nous avons retenus, certains se prêtaient à l'exploration de telles pistes, mais nous avons choisi de proposer seulement des activités abordables par des enfants de l'école maternelle ou élémentaire. En effet, nous nous sommes volontairement limités à trois activités par livre.

C'est d'ailleurs pour cette raison que nous avons consacré un chapitre à un seul album, afin que les lecteurs de cet ouvrage, par la suite, puissent se rendre compte que n'importe lequel des autres albums utilisés offre les mêmes possibilités. L'album est en effet une forme littéraire complexe, car le phénomène de double narration (texte et images) ouvre de nombreuses perspectives. Nous en avons décrit les caractéristiques dans le chapitre qui propose une définition de l'album.

• • L'album au collège

Nous avons choisi de limiter notre approche de l'album aux cycles 1, 2 et 3 de l'école primaire. Pourtant, l'album devrait aussi trouver sa place au collège dans une logique de continuité du cycle 3. Non seulement parce que la présence de cette double narration permet souvent de mieux comprendre certaines instances de la littérature, qu'on retrouve dans les romans, les nouvelles, le théâtre ou la poésie, mais également parce que certaines problématiques, trop complexes pour des élèves de primaire, concordent mieux avec la pédagogie du second degré.

Pour n'en donner qu'un exemple, on peut s'intéresser, au collège, à l'album en tant que **forme théâtrale.** Dans cet ouvrage, nous avons évoqué cette problématique à plusieurs reprises, sans jamais l'approfondir.

C'est Isabelle Nières qui, dans un article d'ouvrage collectif[1], a révélé ce phénomène, en s'intéressant à la « *théâtralisation du livre par l'image* ». Elle souligne notamment que « *quelques albums impliquent le jeune lecteur à l'intérieur du livre* ». Effectivement, en prévoyant la place du lecteur en tant que spectateur, certains albums lui réservent un rôle à l'intérieur du récit. Un rôle implicite, le plus souvent, un rôle interprétatif fréquemment, généralement hors de portée des élèves du primaire.

On a alors l'impression que l'album s'adresse à un double destinataire : un jeune lecteur, d'une part, auquel on raconte une histoire qui lui est accessible, et un lecteur adolescent ou adulte, d'autre part, qu'on attire dans le récit en le faisant co-énonciateur d'une seconde histoire, plus secrète.

• Un exemple d'album avec une forme théâtrale : *Quand papa était loin*

Isabelle Nières, dans sa contribution, cite un album de Maurice Sendak, devenu un classique : *Quand papa était loin*. Dans cet album étrange où les décors, les objets, les vêtements évoquent le XVIIIe siècle, le père est parti sur la mer, la mère paraît détachée de tout, et Ida s'occupe du bébé. À son insu, celui-ci est enlevé par des lutins fantomatiques et remplacé par « *un bébé de glace* ». Quand Ida, qui ne s'est aperçue de rien, le prend dans ses bras, il fond. Ida, furieuse, comprend derechef que les lutins sont les auteurs de ce vol. Elle se lance à leur poursuite et parvient à retrouver sa petite sœur, parmi une ribambelle de lutins ayant l'apparence de bébés, qui s'apprêtent à célébrer un mariage. Et elle les vainc en les faisant danser jusqu'à épuisement, au son de son cor magique.

Quand on lit pour la première fois cet album, on sent bien que l'étrangeté de l'histoire dissimule autre chose, sans pouvoir d'abord l'identifier. C'est en observant les images que l'idée de théâtre surgit, et notamment dans deux passages qui apparaissent comme deux actes d'une pièce de théâtre, ou d'un opéra puisque la musique est concernée.

Dans le premier passage, un même décor (une pièce, des tournesols à la fenêtre, un berceau ancien) se répète sur six pages successives. Tournant le dos au spectateur, Ida joue de son cor magique pour bercer le bébé. Contrairement au spectateur, elle ne voit donc pas les lutins surgir par la deuxième fenêtre, s'emparer du bébé et le remplacer par un bébé de glace.

1. Isabelle Nières : « Le théâtre est un jeu d'enfants », *in* Perrot, Jean (dir.) : *Jeux graphiques dans l'album pour la jeunesse*, pp. 29-38.

Dans le second passage, le décor représente une grotte en bord de mer, et les lutins transformés en bébés. Là, trop occupée, encore, à jouer du cor magique, Ida ne voit pas, dans le lointain, le bateau sur lequel s'est embarqué son père au début, et dont on a pu se demander s'il n'avait pas sombré, car une scène de naufrage – qu'Ida ne voit pas – est visible par la fenêtre dans le premier passage. Ida apparaît comme une présence tutélaire, en quelque sorte, ou une transmission symbolique de la responsabilité familiale (elle est déjà presque une adolescente) que le texte final confirme : dans une lettre, le père demande à sa fille d'être la gardienne de sa mère et de sa sœur.

Alors on peut chercher, dans les images, d'autres éléments un peu mystérieux, qui ne paraissent pas directement en rapport avec l'histoire montrée.

Par exemple, dans la pièce servant de décor à l'enlèvement figure un portrait, au mur. S'agit-il du père? Ou de quelqu'un d'autre?

Plus loin, lorsque Ida ramène sa petite sœur chez elle, elle passe, sans le voir, devant un pianiste ou claveciniste en perruque, en train de jouer, dans une cabane, à l'arrière-plan. C'est l'élément le plus mystérieux de l'album.

Or, dans un article d'ouvrage collectif, « Images et références : apprendre aux enfants à relever les allusions »[2], Celia Catlett Anderson révèle une parenté entre l'album de Sendak et *La Flûte enchantée*, de Mozart. Elle rapporte une interview de l'auteur où il parlait de ses influences et disait qu'au moment où il travaillait sur l'album, il réalisait parallèlement un décor pour *La Flûte enchantée*. Il ajoutait : « *D'une certaine façon,* Quand papa était loin *est ma tentative pour matérialiser mon amour de Mozart... Le livre est un portrait de Mozart, seulement, il a pris cette forme communément appelée album... C'est une présentation de la vie de Mozart.* » Et Celia Catlett Anderson ajoute : « *Parfois l'allusion dans une illustration d'album ne demande pas seulement des connaissances particulières, mais sert aussi de commentaire à l'œuvre et aide à son interprétation.* »

Quand on connaît la solution, il est facile de repérer certains aspects qui évoquent Mozart, à commencer par cette image de claveciniste, à l'arrière-plan, dans une hutte, dont Catlett Anderson dit qu'elle ressemble aux « *images de Mozart jouant de la musique dans sa* Waldehutte ». Et le portrait au mur pourrait bien être celui de Mozart.

Mais c'est surtout *La Flûte enchantée* qui est présente, en filigrane, dans ce livre. Dans *Quand papa était loin*, l'instrument de musique enchanté est un « *cor magique* » dont joue l'héroïne, Ida. Et la musique est omniprésente dans cet album. Le cor magique sert à bercer bébé et, plus loin, à charmer les lutins / bébés « *avec un air ensorcelé* ». C'est « *le chant de papa marin* » qui guide Ida dans sa traque des ravisseurs, et ce chant lui suggère de jouer un air pour retrouver les voleurs d'enfant.

2. *In* Perrot, Jean (dir.), *Jeux graphiques dans l'album pour la jeunesse*, , pp. 63-71.

Rappelons que, dans *La Flûte enchantée*, Pamina et Tamino s'aiment, mais Pamina est enlevée par Monostatos le Nubien, qui la convoite. Dans *Quand papa était loin*, quand la petite sœur d'Ida est enlevée par des lutins, cette dernière pense immédiatement qu'on veut la marier à un lutin. La sœur en question n'étant qu'un bébé, évoquer le mariage à son propos sous-entend qu'implicitement une autre histoire – celle de l'hypotexte – influence celle-ci.

On peut se demander aussi si la lune, constamment présente dans les images quand Ida passe dans « *l'ici là-bas* » – contrastant avec les tournesols-soleils autour de chez elle –, n'est pas une allusion à la reine de la Nuit, dans l'opéra.

● Une approche littéraire et culturelle

Nous avons privilégié cette approche, non seulement parce qu'elle est recommandée par les *Nouveaux programmes pour l'école* de 2016, mais également pour les raisons suivantes :

– C'est dans ce domaine que la lecture ressemble le plus à un **jeu de piste,** ce qui est une façon de souligner l'aspect ludique d'une recherche, par ailleurs très rigoureuse.

– Le questionnement littéraire et culturel suscite toujours des **débats interprétatifs** qui permettent à chaque élève d'exprimer sa réception personnelle de l'œuvre.

– Pareille approche fait découvrir aux élèves nombre d'instances de la littérature, autant de « petits savoirs » qui organisent leur pensée et leur servira longtemps de **références conceptuelles.** Ils se constituent en même temps une mémoire de références culturelles qu'ils retrouveront, telles quelles, dans d'autres œuvres, ou réinterprétées, voire transgressées.

– En leur proposant des activités de ce type, on offre aux élèves l'occasion d'aller au-delà de la lecture superficielle de l'œuvre. L'**approfondir** ainsi suscite leur curiosité et leur donne envie de lire davantage. Or, l'un des objectifs fondamentaux de toute pédagogie de la lecture est que les élèves lisent beaucoup, afin d'automatiser, dans un premier temps, le décodage ; de découvrir de nombreux genres, formes, instances littéraires, dans un second temps.

Il n'en demeure pas moins que, pour appréhender toutes les facettes d'une œuvre, il faut d'abord comprendre le récit. Bien des activités complémentaires sont donc nécessaires, ressortissant en particulier à ce que les programmes appellent « Étude de la langue ». Il ne doit pas s'agir d'activités détachées de tout contexte, puisque leur but consiste à faire découvrir aux élèves que le lexique, la syntaxe, organisent la signification, permettent la communication.

Bien que l'écriture littéraire ne soit pas la langue qu'on s'efforce de faire observer par les élèves, il est possible d'utiliser certains albums pour introduire une activité d'étude de la langue. À condition que le livre ne devienne pas un simple prétexte. Au contraire, on choisira alors une œuvre qui pose un problème linguistique, qu'il faut donc résoudre pour interpréter le récit.

Bibliographie des livres et textes cités

• • Ouvrages de référence

Chevalier, Jean, & Gheerbrant, Alain, *Dictionnaire des symboles*, Laffont, 1996.
Duborgel Bruno, *Imaginaire et Pédagogie*, Privat, 1992.
Durand, Marion & Bertrand, Gérard, *L'Image dans le livre pour enfants*, l'École des loisirs, 1975.
Eco, Umberto, *Les Limites de l'interprétation*, Grasset, 1992.
Fozza, Jean-Claude, Garat, Anne-Marie & Parfait, Françoise, *Petite fabrique de l'image*, Magnard, 1988, 2003.
Gourevitch, Jean-Paul, *Images d'enfance. Quatre siècles d'illustration du livre pour enfants*, Éditions Alternatives, 1994.
Jouve, Vincent, *L'Effet-personnage dans le roman*, PUF, coll. « Écriture », 1992.
Parmegiani, Claude-Anne, *Les Petits Français illustrés 1860-1940*, Cercle de la Librairie, coll. « Bibliothèques », 1989.
Picard, Michel, *La Lecture comme jeu*, Éditions de Minuit, coll. « Critique », 1986.
Poslaniec, Christian (dir.), *Réception de la littérature de jeunesse par les jeunes*, INRP, 2002.
Poslaniec, Christian, *Pratique de la littérature de jeunesse à l'école. Comment élaborer des activités concrètes*, Hachette éducation, coll. « Pédagogie pratique à l'école », 2003.
Tessier, Gisèle, *L'Humour à l'école. Développer la créativité verbale chez l'enfant*, Privat, coll. « Formation-pédagogie », 1990.
Todorov, Tzvetan, *Introduction à la littérature fantastique*, Le Seuil, 1970, 1976.

• • Articles de référence

Anderson, Celia Catlett, « Images et références : apprendre aux enfants à relever les allusions », trad. Pierre Bruno, *in* Perrot, Jean (dir.), *Jeux graphiques dans l'album pour la jeunesse*, actes de congrès, CRDP de l'académie de Créteil/université Paris-Nord, 1993.
Fabre, Jean, « L'Album, miroir de l'enfance », *in* Escarpit, Denise, *Les Exigences de l'image dans le livre de la première enfance*, Magnard, 1973.
Interview d'Antonin Louchard par Madeline Roth, *Citrouille*, n° 38, juin 2004.
Nières, Isabelle, « Le Théâtre est un jeu d'enfants », *in* Perrot, Jean (dir.), *Jeux graphiques dans l'album pour la jeunesse*, actes de congrès, CRDP de l'académie de Créteil/université Paris-Nord, 1991.

• • Albums pour la jeunesse[1]

Asch, Frank, *La Souris de M. Grimaud*, ill. Devin Asch, trad. Pascale Jusforgues, Albin Michel jeunesse, 2004.

Bachelet, Gilles, *Mon chat le plus bête du monde*, Le Seuil jeunesse, 2004.

Baeten, Lieve, *Petit Dragon*, trad. Laurence Bourguignon & Diane Meirlaen, Mijade, 2004.

Banyai, Istvan, *Zoom*, Circonflexe, 1995.

Barbeau, Philippe, *Le Type : pages arrachées au journal intime de Philippe Barbeau*, ill. Fabienne Cinquin, L'atelier du poisson soluble, 1999.

Baronian, Jean-Baptiste, *ABC*, ill. Gabriel Lefèbvre, Circonflexe, 2004.

Battut, Éric, *Le Secret*, Didier jeunesse, 2004.

Bélineau, Nathalie, *Mon premier abécédaire*, ill. Christelle Mekdjian, photos René Brassart, Fleurus, 2003.

Ben Kemoun, Hubert, *Si...*, ill. Frédéric Rébéna, Tourbillon, 2003.

Boujon, Claude, *Le Crapaud perché*, l'École des loisirs, 1986, 1988.

Boujon, Claude, *La Brouille*, l'École des loisirs, 1990.

Boujon, Claude, *Un beau livre*, l'École des loisirs, 1991.

Boujon, Claude, *Troc*, l'École des loisirs, 1993.

Boujon, Claude, *L'Intrus*, l'École des loisirs, 1995

Boujon, Claude, *Pauvre Verdurette*, l'École des loisirs, 2004.

Boujon, Claude, *Ah ! Les bonnes soupes*, l'École des loisirs, 1996.

Boujon, Claude, *Cousin Ratinet*, l'École des loisirs, 1996.

Boujon, Claude, *Verdurette cherche un abri*, l'École des loisirs, 1995.

Brami, Élisabeth, *Et puis après on sera mort...*, ill. Tom Schamp, Le Seuil jeunesse, 2000.

Brami, Élisabeth, *L'Alphabêtisier*, ill. Lionel Le Néouanic, Le Seuil, 2001.

Brett, Jan, *Malicieux pain d'épice*, trad. Marie-France Floury, Gautier-Languereau, 1999.

Brisac, Geneviève, *Violette et le secret des marionnettes*, ill. Nadja, l'École des loisirs, 2004.

Brouillard, Anne, *Le Temps d'une lessive*, Syros Jeunesse, coll. « Les petits voisins », 2000.

Brown, Ruth, *Crapaud*, trad. Anne Krief, Gallimard jeunesse, 2003.

Browne, Anthony, *Une histoire à quatre voix*, trad. Élisabeth Duval, Kaléidoscope, 2000.

Browne, Anthony, *Dans la forêt profonde*, trad. Élisabeth Duval, Kaléidoscope, 2004.

Brunelet, Madeleine, *Cette baby-sitter, j'en veux pas*, Actes sud junior, 2001.

Carle, Eric, *Les kangourous ont-ils une maman ?*, trad. Laurence Bourguignon, Mijade, 2005.

Carrier, Isabelle, *Marie est partie*, Bilboquet, 2004.

Casterman, Geneviève, *La Saison des Plumes*, Pastel, 2004.

Churche, Caroline Jayne, *Une petite oie pas si bête*, trad. Michelle Nickly et Louis de Aguiar, Albin Michel jeunesse, 2005.

Clément, Jean-Baptiste & Dumas, Philippe, *Le Temps des cerises*, l'École des loisirs, 1990, coll. « Lutin poche », 2003.

Colmont, Marie, *Michka*, ill. Rojankovsky, Père Castor-Flammarion, 1941.

Colmont, Marie, *Marlaguette*, ill. Gerda Franquin, Père Castor-Flammarion, 1952.

Coran, Pierre, *La Grande Nuit d'Anne-Sophie*, ill. Anne Letuffe, Père Castor-Flammarion, 2001.

---

1. D'autres œuvres citées dans cet ouvrage, qui ne sont pas des albums, ne figurent pas dans cette bibliographie.

Coupry, Katie & Louchard, Antonin, *Tout un monde : le monde en vrac*, Thierry Magnier, 1999.
Courgeon, Rémi, *La colo*, Mango jeunesse, 2005.
Crowther, Kitty, *Moi et Rien*, l'École des loisirs, « Pastel », 2003.
Crowther, Kitty, *La Visite de Petite Mort*, l'École des loisirs, « Pastel », 2004.
Curatolo, Justine, *Princesse charmante*, ill. Marc Lizano, Éditions du Rouergue, coll. « Varia », 2002.
Davenier, Christine, *Léon et Albertine*, Kaléidoscope, 1997.
Dedieu, Thierry, *Yacouba*, Seuil jeunesse, 1994.
Dégé, Guillaume & Blicquy, Anémone de, *ABCDéGé*, Gallimard Jeunesse, coll. « Giboulées », 2004.
Dematons, Charlotte, *Secrets d'ours*, trad. Solange Rimbaud, Grasset-Jeunesse, 2002.
Deru-Renard, Béa, *Prince Arthur et princesse Leïla*, ill. Kristien Aertssen, l'École des loisirs, « Pastel », 2003.
Devos, Lydia, *Pépin, nom d'un chien !*, ill. Évelyne Faivre, Grasset-Jeunesse, 2003.
Dufresne, Didier, *Le Bonhomme de neige*, ill. Armelle Modéré, Mango jeunesse, coll. « Les petites vies d'Apolline », 2002.
Edy-Legrand, Édouard Léon Louis, *Macao et Cosmage ou l'Expérience du bonheur*, NRF, 1919, Circonflexe, coll. « Aux couleurs du temps », 2000.
Englebert, Jean-Luc, *Trabakaloum !*, l'École des loisirs, « Pastel », 2005.
Fastier, Yann, *Savoir-vivre*, L'atelier du poisson soluble, 2000, ou Mijade, 2001.
Fastier, Yann, *Pfff*, L'atelier du poisson soluble, 2004.
Fine, Ann, *Journal d'un chat assassin*, trad. Véronique Haïste, coll. « Mouche », l'École des loisirs, 1997.
Fortier, Natali, *Lili Plume*, Albin Michel jeunesse, 2004.
Franek, Claire, *Qui est au bout du fil ?*, Éditions du Rouergue, coll. « Jeunesse », 1996.
French, Vivian, *Petite Poule Rousse et renard rusé*, ill. Sally Hobson, l'École des loisirs, coll. « Pastel », 1995.
Frémeaux, Fabienne, *L'Amoureuse*, ill. Florence Langlois, l'École des loisirs, coll. « Matou », 2001.
Fronsacq, Anne, *Le Petit Bonhomme de pain d'épice*, ill. Gérard Franquin, Père Castor-Flammarion, 2001.
Gillot, Laurence, *Lulu Grenadine, l'histoire de ma vie*, ill. Lucie Durbiano, Nathan Jeunesse, 2004.
Gilson, Patrick, *L'Étoile de Léa*, ill. Claude K. Dubois, Mijade, 2005.
Gomi, Taro, *Je te l'avais bien dit !*, trad. Alain Broutin, Mango jeunesse, 2004.
Guilloppé, Antoine, *Loup noir*, Casterman, coll. « Les albums Duculot », 2004.
Guirao-Jullien, Magdalena, *Mon imagier du Père Castor*, ill. Madeleine Brunet et Michel Boucher, Père Castor-Flammarion, 2004.
Hahn, Cyril, *Mon papa est un héros !*, Milan Jeunesse, 2005.
Hampâté Bâ, Amadou, *Le Petit Frère d'Amkoullel*, ill. Christian Kingé Epanya, Paris, Syros, 1994.
Heitz, Bruno, *Les Idées bleues de Jojo*, Circonflexe, 1995.
Hellings, Colette, *Le Meilleur Ami de Tom*, ill. Marie-Aline Bawin, Mango jeunesse, 2001.
Hoestlandt, Jo, *Ma petite amoureuse*, ill. David Merveille, Milan jeunesse, 2004.
Houdart, Emmanuelle, *L'Imagier farfelu de Lulu le lutin*, La Martinière jeunesse, 1999.
Jambois, Anne, *Vache de vache !*, ill. Jean-Marc Mathis, Paquet, 2002.
Jean, Didier & Zad, *Libellule*, L'atelier du poisson soluble, 2005.

Joste, Luc, *Par une nuit sans lune*, ill. Agnès Audras, Gallimard jeunesse, 2000.
K. Sarah, *Le Grand Amour*, ill. Ronan Badel, Nathan, 2004.
Kerloc'h, Jean-Pierre, *Il ne faut pas faire pipi sur son ombre !*, ill. Fabrice Turrier, Milan, 2002.
Kessler, Frédéric, *Sors de ta coquille !*, ill. Olivier Charpentier, Didier jeunesse, 2005.
King-Smith, Dick, *Babe, le cochon devenu berger*, ill. Mary Rayner, trad. Anne Blanchet, Gallimard-Jeunesse, Folio junior, n° 346, 1996.
King-Smith, Dick, *Beau comme un cochon*, ill. Anita Jeram, trad. Pierre Bonhomme, Circonflexe, coll. « Aux couleurs du monde », 1997.
Kitamura, Satoshi, *Moi et mon chat ?*, trad. Anne de Bouchony, Gallimard jeunesse, 2004.
Kulot, Daniela, *La Maison du crocodile amoureux*, Autrement jeunesse, 2005.
Laboudigue, Maïté, *1, 2, 3... Lili*, Lo Païs/Éditions du Rocher Jeunesse, 2004.
Laffon, Martine, *Le Monsieur de la rue d'à côté*, ill. Alice Dumas, Syros Jeunesse, 1998.
Laurencin, Geneviève, *Paul-la-Toupie*, ill. Michel Boucher, Lo Païs d'Enfance/Éditions du Rocher Jeunesse, 2004.
Lemieux, Michèle, *Nuit d'orage*, Le Seuil jeunesse, 1998.
Le Roi, Valérie, *Vache cache-cache*, Kaléidoscope, 1999.
Le Saux, Alain & Solotareff, Grégoire, *Petit Musée*, l'École des loisirs, 1992.
Lobel, Arnold, *Porculus*, l'École des loisirs, 1979.
Massin, Laure, *Le Piano des couleurs*, ill. Laure, Gallimard jeunesse, 2004.
Manushkin, Fran, *Bébé*, ill. Ronald Himler, trad. Anna Solal, l'École des loisirs, 1976.
Marcellino, Fred, *Moi, crocodile du Nil*, trad. Fanny Joly, Bayard jeunesse, 2000.
McKee, David, *Qui est madame Legris ?*, trad. Élisabeth Duval, Kaléidoscope, 2003.
McNaughton, Colin, *Oh là là !*, trad. Christine Mayer, Gallimard jeunesse, 1996, coll. « Folio-Benjamin », 2001.
Moncomble, Gérard, *L'Œil de la nuit*, ill. François Crozat, Milan jeunesse, 2003.
Mourlevat, Jean-Claude, *Regarde bien...*, ill. Alice Charbin, Nathan, 2001.
Muller, Gerda, *Devine qui a retrouvé Teddy*, l'École des loisirs, 2004.
Murphy, Jill, *Enfin la paix*, trad. Claude Lauriot Prévost, Bayard Éditions, 1995.
Naumann-Villemin, Christine, *Salomé veut une histoire*, ill. Marianne Barcilon, Kaléidoscope, 2005.
Nottet, Pascal, *La Princesse de Neige* , ill. Stéphane Girel, l'École des loisirs, « Pastel », 1997, coll. « Lutin poche », 2004.
Ottley, Matt, *La Nuit de Faust*, trad. Isabel Finkenstaedt, Kaléidoscope, 1996.
Pennart, Geoffroy de, *Le Loup, la chèvre et les sept chevreaux*, Kaléidoscope, 2005.
Pieper, Christian, *Un drôle d'ours est passé par ici*, Milan, 1999.
Poillevé, Sylvie, *Lola a le cœur qui bat*, ill. Virginie Fraboulet, Père Castor-Flammarion, coll. « Histoires de grandir », 2003.
Pommaux, Yvan, *L'Île du monstril*, l'École des loisirs, coll. « Mouche », 2003.
Ponti, Claude, *Adèle et la pelle*, Gallimard Jeunesse, 1994.
Ponti, Claude, *Pétronille et ses 120 petits*, l'École des loisirs, 1997.
Ponti, Claude, *Okilélé*, l'École des loisirs, 1993, coll. « Lutin poche », 2002.
Ponti, Claude, *Le A*, l'École des loisirs, 1998.
Ponti, Claude, *Le Doudou méchant*, l'École des loisirs, 2000, coll. « Lutin poche » 2002.
Ponti, Claude, *Georges Lebanc*, l'École des loisirs, 2001.
Quesemand, Anne, *Histoire du rat qui voulait du lait*, ill. Laurent Berman, Syros, 1987.
Rathman, Peggy, *Au lit dans 10 minutes*, trad. Irène Schwartz, l'École des loisirs, 2001.
Robberecht, Thierry, *Je veux retourner dans le ventre de maman !*, ill. Philippe Goossens, Mijade, 2005.

Roger, Marie-Sabine, *Le Petit Peuple du manège*, ill. Cécile Gambini, Nathan Jeunesse, 2003.

Ross, Tony, *L'Histoire de la vieille bique et de ses septs biquets*, trad. Marie-France de Paloréma, Paris, Le Seuil, 1990, Mijade, 2005.

Sadeler, Joël, *Alphabêtise Alphabêta*, ill. Claire Nadaud, Lo Païs d'enfance, 2002.

Saïd Pacovska, Kveta, *La Fleur sans couleur*, NordSud, 1998.

Schwartz, Olivier, *Le plus fort... c'est papa !*, Milan, 2002.

Scieszka, Jon, *La vérité sur l'affaire des trois petits cochons*, ill. Lane Smith, trad. Gilles Lergen, Nathan, 1991.

Sendak, Maurice, *Quand papa était loin*, trad. Bernard Noël, l'École des loisirs, 1984.

Sengel, France, *Cache-cache pétoche*, l'École des loisirs, coll. « Matou », 2001.

Serres, Alain, *L'abécédire*, photos Lily Franey, ill. Olivier Tallec, Rue du Monde, 2001.

Shapiro, Arnold, *Dis, Maman, si on le gardait ?*, ill. Pat Paris, Rouge et Or, 1991.

Siméon, Jean-Pierre, *Ceci est un poème qui guérit les poissons*, ill. Olivier Tallec, Rue du Monde, 2005.

Sìs, Peter, *Les Trois Clés d'or de Prague*, Grasset-jeunesse, coll. « Grands lecteurs », 1995.

Solotareff, Grégoire, *Mathieu*, l'École des loisirs, coll. « Lutin poche », 1991.

Solotareff, Grégoire, *Mon frère le chien*, l'École des loisirs, 1992.

Solotareff, Grégoire, *Moi, Fifi*, l'École des loisirs, 1992.

Solotareff, Grégoire, *Le Diable des Rochers*, l'École des loisirs, 1993, coll. « Lutin poche », 1994.

Solotareff, Grégoire, *Toi grand et moi petit*, l'École des loisirs, 2004.

Solotareff, Grégoire, *Mitch* , ill. Nadja, l'École des loisirs, 1990.

Sone, Keiko, *Ma maison de poupée*, photographies de Vincent Tessier, Albin Michel jeunesse, coll. « Mon livre de mots », 2002 (épuisé).

Stehr, Frédéric, *Un cochon chez les loups*, l'École des loisirs, 2004.

Sykes, Julie, *Vite, Père Noël*, ill. Tim Warnes, trad. Nelle Hainaut-Baertsoen, Mijade, 2004.

Tashlin, Frank, *Mais je suis un ours !*, l'École des loisirs, coll. « Mouche », 1994.

Teulade, Pascal, *Y a-t-il quelqu'un qui m'aime ici ?*, ill. Jean-Charles Sarrazin, l'École des loisirs, 2004.

Valckx, Catharina, *Coco Panache*, l'École des loisirs, 2004.

Vaugelade, Anaïs, *Virgile et le vaisseau spatial*, l'École des loisirs, 1993.

Vaugelade, Anaïs, *Le Déjeuner de la petite ogresse*, l'École des loisirs, 2004.

Voutch, *Albert le petit cochon propre*, ill. Soledad Bravi, Mila, 1996.

Waite, Judy, *Gare à toi, souris !*, ill. Norma Burgin, trad. Laurence Bourguignon, Mijade, 2004.

Wild, Margaret, *Baraquement 18, lit 22 : que la fête commence !*, ill. Julie Vivas, trad. Mireille Verdière, Casterman, 1991.

Wood, Audrey, *La Petite Souris, la fraise bien mûre et l'ours affamé*, ill. Don Wood, Mijade, 2004.